minidicionário DE ENOLOGIA *em 6 idiomas*

minidicionário DE ENOLOGIA
em 6 idiomas

Português | Inglês | Espanhol | Francês | Italiano | Alemão

ROBERTA MALTA SALDANHA

Minidicionário de enologia em seis idiomas © Roberta Malta Saldanha, 2012.

Direitos desta edição reservados ao Serviço Nacional de Aprendizagem Comercial – Administração Regional do Rio de Janeiro.

Vedada, nos termos da lei, a reprodução total ou parcial deste livro.

SISTEMA FECOMÉRCIO-RJ
SENAC RIO

Presidente do Conselho Regional
Orlando Diniz

Diretor do Senac Rio
Julio Pedro

Conselho Editorial
Julio Pedro, Eduardo Diniz, Vania Carvalho, Marcelo Loureiro, Wilma Freitas, Manuel Vieira e Elvira Cardoso

Editora Senac Rio
Rua Marquês de Abrantes, 99/2º andar
Flamengo – Rio de Janeiro
CEP: 22230-060 – RJ
comercial.editora@rj.senac.br
editora@rj.senac.br
www.rj.senac.br/editora

Publisher
Manuel Vieira

Editora
Elvira Cardoso

Produção editorial
*Karine Fajardo (coordenadora)
Camila Simas, Cláudia Amorim,
Michele Paiva e Roberta Santiago
(assistentes)*

Versão
Flash Idiomas

Projeto gráfico
*Cria Caso Publicações Customizadas |
Mariana Nahoum*

Ilustrações
Camila Simas

Foto da autora
Marcus Ramos

Impressão
GM Minister

1ª edição: agosto de 2012

CIP-BRASIL. CATALOGAÇÃO-NA-FONTE
SINDICATO NACIONAL DOS EDITORES DE LIVROS, RJ

S154m

Saldanha, Roberta Malta, 1971–
  Minidicionário de enologia em 6 idiomas : português, inglês, espanhol, francês, italiano, alemão / Roberta Malta Saldanha ; [tradução de Flash Idiomas]. – Rio de Janeiro : Ed. Senac Rio, 2012.
  184p. : il. ; 11 cm x 16 cm

  Inclui bibliografia
  ISBN 978-85-7756-197-1

  1. Dicionários poliglotas. 2. Vinho e vinificação – Dicionários. I. Senac Rio.

12-4027. CDD: 641.2203
          CDU: 641.87:663.2(038)

Aos amantes do vinho.

"Boa é a vida, melhor é o vinho."
Fernando Pessoa, poeta português
(1888-1935)

sumário

Prefácio *Por Ennio Federico*	11
Agradecimentos	15
Apresentação *Por Edinho Engel*	17
Orientação ao leitor	21
Verbetes de A a Z	25
Duas taças e a conta: *dicas e curiosidades do mundo do vinho*	159
Referências bibliográficas	175

prefácio

Impossível recusar o convite de minha amiga Roberta Malta Saldanha para prefaciar sua nova obra, o *Minidicionário de enologia em seis idiomas*. Senti-me honrado e tive a oportunidade de reviver bons momentos. Conheci Roberta em 1995, ano da primeira edição de sua mais memorável criação: o Boa Mesa. Ao participar como palestrante de vinhos, acompanhei, durante todos os anos, esse que era considerado o maior evento internacional de gastronomia realizado no Brasil.

Precursor da então incipiente gastronomia refinada em nosso país, pela primeira vez o grande público pôde provar pratos de estrelados chefs brasileiros e estrangeiros e degustar as melhores criações de renomados produtores internacionais de grandes vinhos. Sem dúvida, o pioneirismo do Boa Mesa contribuiu decisivamente para a disseminação no Brasil do gosto pelo conhecimento gastronômico em que o vinho é parte integrante. Pena que o evento tenha terminado, mas, felizmente, deixou vários descendentes com o mesmo DNA.

Este minidicionário partiu de uma ideia de Roberta que também está destinada ao sucesso. Como o interesse pelo vinho continua aumentando rapidamente entre os brasileiros, dominar a terminologia básica é fundamental. Este livro não é apenas um glossário de verbetes técnicos como o título poderia sugerir. É muito mais completo, pois, além de descrever o significado, em português, de mais de 700 termos enológicos cuidadosamente selecionados, apresenta a tradução para outros cinco idiomas que estão entre os mais utilizados na literatura atualmente disponível sobre o tema.

A obra abrange duas partes: na primeira, as entradas são relacionadas em ordem alfabética, com suas definições em português, seguindo-se as versões para inglês, espanhol, francês, italiano e alemão. Os verbetes abordam assuntos relativos às técnicas de degustação e aos processos de vinificação e mesmo viticultura, em linguagem acessível a todos os níveis de conhecimento. A segunda parte do livro reúne dicas e curiosidades sobre essa bebida que remonta a aproximadamente 6.000 a.C.

Esta publicação é muito oportuna pela atualidade do tema de que trata. Dirigida tanto àqueles que pertencem ao meio vitivinícola profissional quanto aos enófilos iniciantes ou já iniciados, certamente proporcionará satisfação a todos os ávidos por esse tipo de conhecimento e, sem dúvida, servirá para enriquecer o vocabulário enológico do leitor.

Ennio Federico
Enófilo e gourmet

agradecimentos

Agradeço aos especialistas e profissionais Angelo Salton (*in memoriam*), Carlos Cabral, Célio Alzer, Celso La Pastina, Ciro Lilla, Danio Braga, Elídio Lopes, Ennio Federico, Fabio Miolo, Gianni Tartari, Jorge Carrara, Jorge Lucki, José Osvaldo A. do Amarante, Luís Pato, Luiz Rezende, Manoel Beato, Manuel Chicau, Maria Luiza Gómez Carrera, Mario Telles Jr., Maurice Bibas, Michel Rigout, Miguel Juliano, Renato Machado e Saul Galvão (*in memoriam*), parceiros e colaboradores nos áureos tempos do Boa Mesa, que, com trabalho e empenho, continuam contribuindo para disseminar o conhecimento do vinho.

Aos amigos Antônio Augusto Gouvêa Pedroso, Edinho e Wanda Engel, e Luís Antônio Barroso de

Barros, com quem tive prosas deliciosas acompanhadas sempre de um bom vinho.

À Elvira Cardoso e Karine Fajardo, pela competência e pelo bom humor com que conduzem todo o processo de edição, do planejamento à execução, o que torna meu trabalho sempre muito prazeroso.

À Hannah Zaltman Saldanha, cujo carinho virtual faz diferença.

A Eugenio Mariotto, Arnaldo Martins Saldanha Jr., Henrique Malta Saldanha e Felipe Zaltman Saldanha, meus caros e muito queridos incentivadores e apoiadores.

apresentação

Conheci Roberta Malta Saldanha em 1995, quando ela, Fernando Souza e Josimar Mello organizaram o primeiro evento enogastronômico brasileiro, o Boa Mesa, em São Paulo. Naquela época, quase não havia escolas de gastronomia no Brasil, com exceção do nosso bom Senac, instituição pioneira na formação de profissionais da categoria no país. O Boa Mesa foi um importante espaço de informação privilegiada: aulas com grandes chefs, difusão de tendências, ingredientes e vinhos. Enfim, era o grande fórum da gastronomia do Brasil dos anos 1990, quando surgiu uma nova categoria prestigiada e glamorosa, a dos "chefs de cozinha".

Por trás de tudo isso estava Roberta, com sua habilidade de organizadora tenaz, metódica, detalhista, precisa, pondo ordem e tornando viável aquele esplêndido evento.

Ficamos amigos e, por muitos anos, passamos bons fins de semana em Camburi, litoral norte de São Paulo, à volta de uma mesa no Manacá, meu primeiro restaurante. Em meio àquela densa floresta, tomávamos bons vinhos e conversávamos sobre tudo, mas, principalmente, gastronomia.

Roberta, em meio às apaixonadas discussões, esclarecia, organizava, apontava incorreções, precisava dados, fatos e datas. Objetiva, calma e claramente. Quando vi seu primeiro livro, o *Dicionário tradutor de gastronomia em seis línguas* – cuja edição revista e atualizada será publicada também pela Editora Senac Rio –, fiquei encantado e logo comprei o meu, pois era extremamente oportuno e necessário. Quem não precisa da tradução de termos culinários quando está fazendo uma pesquisa em livros estrangeiros? Quem não quer reproduzir "aquela" receita de um chef estrelado ou simplesmente ler com tranquilidade e entendimento um artigo ou livro de receitas? Pois é, foi isso o que Roberta vislumbrou e nos proporcionou.

Agora, para nosso deleite, é lançado o *Minidicionário de enologia em seis idiomas*. De novo, em momento oportuno e necessário, já que cada vez mais brasileiros se interessam pelo universo do vinho, cada vez mais desfrutamos dessa bebida cotidianamente e cada vez mais discutimos sobre *terroir*, cepas, processos de fermentação, amadurecimento e serviço do vinho.

O mercado brasileiro de vinhos demanda profissionais dessa área que cresce vertiginosamente; portanto, precisamos entendê-lo com clareza e precisão.

Ninguém melhor que Roberta, com sua obstinação, sua transparência e seu método, para tornar realidade este dicionário e ajudar todos nós, chefs, restaurateurs, sommeliers, estudantes, profissionais ou amantes do vinho, a compreender um pouco mais este mundo inebriante a que nos entregamos de corpo e alma. Parabéns!

Edinho Engel

Chef proprietário dos restaurantes Manacá (Camburi) e Amado (Salvador)

orientação ao leitor

Este minidicionário é redigido em português. Após a entrada de cada verbete, seguido de sua definição em português, são apresentadas as versões dos termos para os idiomas inglês [INGL.], espanhol [ESP.], francês [FR.], italiano [IT.] e alemão [AL.], que aparecem nessa sequência.

Exemplo:

> **Adstringente:** *Com muito* TANINO; ÁSPERO, RASCANTE.
>
> [INGL.] astringent
> [ESP.] astringente
> [FR.] astringent, râpeux
> [IT.] astringente
> [AL.] adstringierend, bissig

As variações do inglês americano (U.S.), inglês britânico (U.K.) e inglês usado no Canadá (CA.) também estão contempladas neste livro.

Exemplo:

> **Imperial:** *Tipo de garrafa que armazena 6l, o equivalente a oito garrafas* bordeaux.
>
> [INGL.] Imperiale (U.S.)/ Rehoboam (U.K.)
> [ESP.] Imperial
> [FR.] Impériale, Mathusalem (Borgonha)
> [IT.] Impériale
> [AL.] Imperiale

Nas definições dos verbetes, encontram-se alguns termos COM ESTE DESTAQUE, indicando que eles têm entradas próprias.

Exemplo:

> **Bagaço:** *Parte sólida resultante da* PRENSAGEM *de uvas frescas.*
>
> [INGL.] (grape) pomace, gross lees
> [ESP.] orujo, borra
> [FR.] marc de raisin, bourre
> [IT.] vinaccia
> [AL.] Trester, Knospenwolle

– 22 –

A

Abacaxi: AROMA *característico de alguns vinhos brancos jovens.*

[INGL.] pineapple
[ESP.] ananás
[FR.] ananas
[IT.] ananas
[AL.] Ananas

Abafado: *Vinho mais* DOCE, *com alto* TEOR ALCOÓLICO.

[INGL.] muté
[ESP.] apagado
[FR.] muté
[IT.] muté
[AL.] stummgemacht

Abafamento, amuo: *Prática que consiste em interromper a* FERMENTAÇÃO ALCOÓLICA *para adicionar* ÁLCOOL *ou* AGUARDENTE VÍNICA *ao* MOSTO.

[INGL.] mutage
[ESP.] apagamiento, encabezado
[FR.] mutage
[IT.] mutizzazione
[AL.] Stummmachen

Aberto: *Ver* PRONTO.

Abocado: *Do italiano* abboccato, *designa um vinho ligeiramente* DOCE.

A

[INGL.] slightly sweet
[ESP.] abocado
[FR.] légèrement doux
[IT.] abboccato
[AL.] leicht süßlich

Abrir: *Liberar aromas.*

[INGL.] to open
[ESP.] abrir
[FR.] épanouir
[IT.] aprire
[AL.] anschalten

Acabamento: *Ver* PERÍODO DE MATURAÇÃO DO VINHO.

Acastanhado: *Nuance de cor dos vinhos tintos, geralmente associada aos vinhos velhos e oxidados.*

[INGL.] brownish
[ESP.] marrón
[FR.] marron
[IT.] marrone
[AL.] braun

Acerbo: *Diz-se de um vinho* JOVEM, *com excessiva* ACIDEZ *e excesso de taninos.*

[INGL.] tart, acerbic
[ESP.] acerbo
[FR.] acerbe
[IT.] acerbo
[AL.] unreif, grün

Acescência, azedume: *Doença provocada por microrganismos que tornam o vinho* AVINAGRADO.

[INGL.] acescence, acescent
[ESP.] acescencia, picado
[FR.] acescence, piqûre acétique
[IT.] acescenza, spunto
[AL.] Stich

Acetaldeído: *Substância que marca sua presença pelo* ODOR *de frutas secas, como nozes e avelãs.*

[INGL.] acetaldehyde
[ESP.] acetaldehído
[FR.] acétaldéhyde
[IT.] aldeide acetica
[AL.] Acetaldehyd

Acetato de etila: ÉSTER *que surge no* ENVELHECIMENTO *do vinho. Favorece a firmeza de alguns tintos, mas seu excesso proporciona um gosto desagradável de vinagre, que é prejudicial à bebida.*

[INGL.] ethyl acetate
[ESP.] acetato de etilo
[FR.] acétate d'éthyle
[IT.] acetato d'etile
[AL.] Äthylacetat, Essigsäuräthylester

A

Acético: *Vinho com* ODOR *de vinagre em razão da* ACIDEZ VOLÁTIL.

[INGL.] acetic
[ESP.] acético
[FR.] acétique, aigre
[IT.] acetico, acetoso
[AL.] stichig, essigstichig

Acetinado: *Vinho que evoca sensação tátil de leveza.*

[INGL.] silky
[ESP.] satinado
[FR.] satiné
[IT.] satinato
[AL.] seidig

Acidez: *Sensação gustativa percebida, nos cantos da boca, pela salivação provocada. É proveniente dos ácidos málico, láctico, tartárico e cítrico.*

[INGL.] acidity
[ESP.] acidez
[FR.] acidité
[IT.] acidità
[AL.] Säuregehalt

Acidez atual: *Ver* ACIDEZ REAL.

Acidez fixa: *Composta dos ácidos orgânicos que provêm da* UVA. *O mais importante é o* ÁCIDO TARTÁRICO.

[INGL.] fixed acidity
[ESP.] acidez fija
[FR.] acidité fixe
[IT.] acidità fissa
[AL.] nicht flüchtige Azidität

Acidez real, acidez atual: *Permite medir a força dos ácidos presentes no* MOSTO *e nos vinhos. É expressa em* pH.

[INGL.] real acidity
[ESP.] acidez real
[FR.] acidité réelle
[IT.] acidità reale
[AL.] Wirkliche Säure

Acidez total: *Soma da* ACIDEZ FIXA *com a* ACIDEZ VOLÁTIL, *desempenha papel importante nas características organolépticas do vinho. A* ACIDEZ *reforça e conserva aromas, dando ao vinho* CORPO, *tornando-o* FRESCO *e contribuindo para o seu* ENVELHECIMENTO.

[INGL.] total acidity
[ESP.] acidez total
[FR.] acidité totale
[IT.] acidità totale
[AL.] Gesamtsäure

Acidez volátil: *Componente constituído essencialmente pelo* ÁCIDO ACÉTICO *e por um dos seus derivados, o* ACETATO DE ETILA.

A

[INGL.] volatile acidity
[ESP.] acidez volátil
[FR.] acidité volatile
[IT.] acidità volatile
[AL.] flüchtige Säuren

Acidificação: *Operação que consiste em adicionar* ÁCIDO TARTÁRICO *e* ÁCIDO CÍTRICO *para aumentar a* ACIDEZ *natural do* MOSTO *e dos vinhos.*

[INGL.] acidification
[ESP.] acidificación
[FR.] acidification
[IT.] acidificazione
[AL.] Säuerung

Acidímetro, titulador de acidez total: *Aparelho que mede a* ACIDEZ TOTAL *de um* MOSTO *ou de um vinho.*

[INGL.] acidimeter
[ESP.] acidímetro
[FR.] acidimètre
[IT.] acidimetro
[AL.] Säuremesser, Azidimeter

Ácido: *Diz-se do vinho que apresenta* ACIDEZ.

[INGL.] acid
[ESP.] ácido
[FR.] acide
[IT.] acido
[AL.] sauer

Ácido acético: *Principal componente da* ACIDEZ VOLÁTIL *do vinho. Produzido por bactérias, apresenta* ODOR *nítido de vinagre e acetona.*

[INGL.] acetic acid
[ESP.] ácido acético
[FR.] acide acétique
[IT.] acido acetico
[AL.] Essigsäure

Ácido ascórbico: *Antioxidante utilizado antes do* ENGARRAFAMENTO *e no processo de* VINIFICAÇÃO. *Junto com o* DIÓXIDO DE ENXOFRE, *é adicionado ao* MOSTO *para impedir a* OXIDAÇÃO.

[INGL.] ascorbic acid
[ESP.] ácido ascórbico
[FR.] acide ascorbique
[IT.] acido ascorbico
[AL.] Ascorbinsäure

Ácido cítrico: *Substância que colabora com os aromas cítricos, típicos de vinhos brancos jovens.*

[INGL.] citric acid
[ESP.] ácido cítrico
[FR.] acide citrique
[IT.] acido citrico
[AL.] Zitronensäure

A

Ácido láctico: *Substância que colabora para tornar o vinho mais* EQUILIBRADO.

[INGL.] lactic acid
[ESP.] ácido láctico
[FR.] acide lactique
[IT.] acido lattico
[AL.] Milchsäure

Ácido málico: *Incolor,* CRISTALINO, *de* ODOR *frutado, é um poderoso componente da* ACIDEZ *dos vinhos brancos.*

[INGL.] malic acid
[ESP.] ácido málico
[FR.] acide malique
[IT.] acido malico
[AL.] Apfelsäure

Ácido orgânico: *Denominação dada aos ácidos provenientes da* POLPA *da* UVA – *tartárico, málico e cítrico – e aos resultantes do processo de* FERMENTAÇÃO – *succínico, láctico e acético –, que formam a* ACIDEZ FIXA *do vinho.*

[INGL.] organic acid
[ESP.] ácido orgánico
[FR.] acide organique
[IT.] acido organico
[AL.] organische Säure

Ácido sórbico: *Não saturado, atóxico que possui ação antilevedura e que previne refermentação em vinhos doces.*

[INGL.] sorbic acid
[ESP.] ácido sórbico
[FR.] acide sorbique
[IT.] acido sorbico
[AL.] Sorbinsäure

Ácido succínico: *De* ACIDEZ *suave, amargo e salgado, influencia no sabor do vinho.*

[INGL.] succinic acid
[ESP.] ácido succínico
[FR.] acide succinique
[IT.] acido succinico
[AL.] Bernsteinsäure, Succinsäure

Ácido sulfídrico: *Ver* SULFETO DE HIDROGÊNIO.

Ácido tartárico: *Encontrado no* BAGO DA UVA, *colabora para a* ACIDEZ *dos vinhos tintos e para o frescor dos brancos.*

[INGL.] tartaric acid
[ESP.] ácido tartárico
[FR.] acide tartrique
[IT.] acido tartarico
[AL.] Weinsäure, Weinsteinsäure

Acídulo: *Diz-se de um vinho refrescante, com* ACIDEZ *marcante, mas correta.*

A

[INGL.] acidulous
[ESP.] acídulado
[FR.] acidulé, aigrelet
[IT.] acidulo
[AL.] säuerlich, scharf

Acre: *Com gosto de vinagre, em decorrência do excesso de* ÁCIDO ACÉTICO. *É um* DEFEITO DO VINHO.

[INGL.] acrid, harsh
[ESP.] acre, agrio
[FR.] âcre
[IT.] acre, aspro
[AL.] herb

Açúcar: *Substância presente no vinho em razão dos açúcares não fermentáveis da* UVA, *como as pentoses (arabinose e xilose).*

[INGL.] sugar
[ESP.] azúcar
[FR.] sucre
[IT.] zucchero
[AL.] Zucker

Açúcar de fermentação: *Substância presente nas uvas, que pode ser transformada em* ÁLCOOL *durante a* FERMENTAÇÃO ALCOÓLICA.

[INGL.] fermentable sugars
[ESP.] azúcar fermentable
[FR.] sucres fermentescibles
[IT.] zuccheri fermentabili
[AL.] vergärbare Zucker

Açúcar residual: *Presente em todos os vinhos.* GLICOSE *e* FRUTOSE *são os principais, e sua quantidade varia de acordo com o tipo de vinho. Medido em gramas por litro (g/l).*

[INGL.] residual sugar
[ESP.] azúcar residual
[FR.] sucre résiduel
[IT.] zucchero residuale
[AL.] Restzucker

Adamado: *Termo usado em Portugal para designar um vinho* DOCE *e* SUAVE, *próprio para as damas.*

[INGL.] sweetish
[ESP.] dulce y suave
[FR.] doux
[IT.] dolce e morbido
[AL.] süß und sanft

Adega: *Local onde os vinhos são guardados para consumo.*

[INGL.] cellar, apotheke
[ESP.] bodega, apoteca
[FR.] cave, chai, cellier, aphothèque
[IT.] cantina, enoteca, apoteca, tinaia
[AL.] Weinkeller, Keller

Adegueiro: *Responsável pela* ADEGA.

[INGL.] cellar man

A

[ESP.] bodeguero
[FR.] caviste
[IT.] cantiniere
[AL.] Kellermeister

Adição de tanino, taninização: *Operação que consiste em adicionar taninos enológicos, provenientes da nogueira ou do carvalho, a um* MOSTO *ou vinho pobre em taninos naturais, a fim de melhorar sua* ESTRUTURA.

[INGL.] addition of tannin
[ESP.] tratamiento con tanino, tanizado
[FR.] tannisage
[IT.] tannizzazione
[AL.] Tanninbehandlung

Adoçamento, edulcoração: *Processo utilizado para se obter vinhos de diferentes graus de* DOÇURA, *por meio da adição de substâncias como sacarose,* MOSTO *concentrado, sulfitado ou alcoolizado.*

[INGL.] sweetening
[ESP.] adocicado
[FR.] édulcoration
[IT.] addolcimento
[AL.] Süßung, Süßen

Adstringência: *Termo usado para descrever a sensação de secura e causticidade provocada pelos taninos no paladar.*

[INGL.] astringency
[ESP.] astringencia
[FR.] astringence
[IT.] astringenza
[AL.] Adstringenz

Adstringente: *Com muito* TANINO; ÁSPERO, RASCANTE.

[INGL.] astringent
[ESP.] astringente
[FR.] astringent, râpeux
[IT.] astringente
[AL.] adstringierend, bissig

Aduela: *Tábua estreita e encurvada que forma o bojo de tonéis, pipas e barris.*

[INGL.] stave, plank
[ESP.] duela
[FR.] douelle, douve, douvelle, lonçaille
[IT.] doga, doghetta
[AL.] Daube

Aeração do mosto: *Operação que consiste em oxigenar o* MOSTO.

[INGL.] aeration
[ESP.] aireación
[FR.] aération
[IT.] arieggiamento
[AL.] Belüftung

Aeração do vinho: *Ato que consiste em oxigenar o vinho, isto é, deixá-lo "respirar".*

A

[INGL.] breathing, aeration
[ESP.] aireación
[FR.] aération
[IT.] arieggiamento
[AL.] Lüften, Belüftung

Afinado: *Diz-se do vinho bem amadurecido e bem envelhecido;* EQUILIBRADO.

[INGL.] aged, matured
[ESP.] afinado
[FR.] affiné
[IT.] affinato
[AL.] verfeinert, ausgereift

Afinamento: *Conjunto de operações como filtragem e* REFRIGERAÇÃO, *que visam ao aprimoramento do vinho.*

[INGL.] blending
[ESP.] afinamiento
[FR.] affinage
[IT.] affinamento
[AL.] Reifeprozess

Afrômetro: *Instrumento utilizado para medir a pressão nas garrafas de vinhos espumantes e frisantes.*

[INGL.] aphrometer
[ESP.] afrómetro, manómetro
[FR.] aphromètre
[IT.] afrometro
[AL.] Aphrometer

Agraço, baguinha: *Baga de* UVA *pequena e verde que aparece, antes do* PINTOR, *em alguns cachos.*

[INGL.] unripe grape, manha
[ESP.] agraz
[FR.] petit baie, manne
[IT.] racimolo
[AL.] unreife Traube, Manha

Agradável: *Aroma e sabor organolepticamente equilibrados.*

[INGL.] agreeable, graceful
[ESP.] amable
[FR.] agréable, avenant, plaisant
[IT.] amabile
[AL.] angenehm

Agrafo: *Lâmina de metal, em formato de U, que serve para manter as rolhas das garrafas de* ESPUMANTE *durante a* FERMENTAÇÃO *em garrafa.*

[INGL.] agraffe, wound clip
[ESP.] ágrafe
[FR.] agrafe
[IT.] graffa, verghetta
[AL.] Agraffe

Agressivo: *Diz-se do vinho que ataca as mucosas em virtude do excesso de* ACIDEZ *e* ADSTRINGÊNCIA.

A

[INGL.] aggressive, rude
[ESP.] agresivo
[FR.] agressif, rude
[IT.] aggressivo
[AL.] bissig, rauh

Agridoce: *Vinho açucarado e* ÁCIDO *ao mesmo tempo.*

[INGL.] sour-sweet
[ESP.] agridulce
[FR.] aigre-doux
[IT.] agrodolce
[AL.] süßsauer

Água: *Substância preponderante no vinho. Corresponde a quase 90% do volume, dependendo dos tipos de* CASTA *e de vinho.*

[INGL.] water
[ESP.] agua
[FR.] eau
[IT.] acqua
[AL.] Wasser

Aguado, aquoso: *Diz-se de um vinho* FRACO, *sem* ÁLCOOL, DILUÍDO.

[INGL.] watery, aqueous
[ESP.] acuoso
[FR.] aqueux, gâché
[IT.] acquoso
[AL.] wässerig

Aguamento: *Adição de* ÁGUA *a um* MOSTO *ou vinho.*

[INGL.] watering
[ESP.] aguado
[FR.] mouillage
[IT.] annacquamento
[AL.] Wasserzusatz

Água-pé: *Vinho elaborado com o* BAGAÇO *da primeira* PRENSAGEM, *juntando-se* ÁGUA *e* AÇÚCAR.

[INGL.] piquette, pomace wine
[ESP.] vino de cabezas
[FR.] piquette, petit vin, demi-vin
[IT.] vino piccolo, picheta
[AL.] Treberwein

Aguardente: *Bebida de alto* TEOR ALCOÓLICO *resultante da* DESTILAÇÃO *de substâncias fermentadas ou maceradas.*

[INGL.] spirit
[ESP.] aguardiente
[FR.] eau-de-vie
[IT.] acquavite
[AL.] Schnaps

Aguardente vínica: *Bebida incolor que se destila do vinho. As mais famosas são o Cognac e o Armagnac.*

[INGL.] grape spirit
[ESP.] aguardiente de vino
[FR.] eau-de-vie de vin
[IT.] acquavite di vino
[AL.] Branntwein

A

Agudo: *Diz-se de um vinho cortante e* ÁCIDO.

[INGL.] sharp
[ESP.] punzante
[FR.] mordant, aigu, pointu
[IT.] pungente
[AL.] scharf

Alambique: *Aparelho próprio para a fabricação de destilados.*

[INGL.] alambic, alembic
[ESP.] alambique
[FR.] alambic
[IT.] alambicco
[AL.] Destillierkolben

Albumina: *Proteína existente na clara de ovo usada para clarear vinhos tintos.*

[INGL.] albumin
[ESP.] albúmina
[FR.] albumine
[IT.] albumina
[AL.] Eiweiß, Albumin

Alcalino: *Vinho com potencial de Hidrogênio* (PH) *muito alto e baixa* ACIDEZ.

[INGL.] alkaline
[ESP.] alcalino
[FR.] alcalin
[IT.] alcalino
[AL.] alkalisch

Álcool: *Substância importante tanto para a longevidade quanto para a qualidade do vinho. Suas propriedades antissépticas ajudam a inibir a proliferação de bactérias. Forma-se com o* AÇÚCAR, *representando 5,5% a 17% do volume do vinho.*

[INGL.] alcohol
[ESP.] alcohol
[FR.] alcool
[IT.] alcool
[AL.] Alkohol

Álcool etílico, etanol: *Produzido por meio da* FERMENTAÇÃO *dos açúcares da* UVA *em* ÁLCOOL, *desempenha papel fundamental no* EQUILÍBRIO *gustativo do vinho e na sua capacidade de conservação, uma vez que dificulta o desenvolvimento de bactérias.*

[INGL.] ethyl alcohol, ethanol
[ESP.] alcohol etílico, etanol
[FR.] alcool éthylique, éthanol
[IT.] alcool etilico, etanolo
[AL.] Äthylalkohol, Äthanol

Álcool por volume: *Unidade de medida do* TEOR ALCOÓLICO *de um vinho.*

[INGL.] alcohol content by volume
[ESP.] grado alcohólico en volumen

A

[FR.] degré alcoolique en volume
[IT.] grado alcoolico in volume
[AL.] Alkoholgehalt (Vol.%)

Alcoólico: *Diz-se de um vinho* DESEQUILIBRADO *em virtude do elevado* TEOR ALCOÓLICO.

[INGL.] alcoholic
[ESP.] alcohólico
[FR.] alcoolique
[IT.] alcoolico
[AL.] alkoholisiert

Aldeído: *Formado pela* OXIDAÇÃO *dos álcoois. Desempenha importante papel no vinho, particularmente na formação de seu* BUQUÊ.

[INGL.] aldehyde
[ESP.] aldehido
[FR.] aldéhyde
[IT.] aldeide
[AL.] Aldehyd

Alqueivar: *Ver* ROÇAR.

Alterado: *Diz-se de um vinho que sofreu acidentes, quebras, doenças ou alterações químicas.*

[INGL.] spoiled
[ESP.] alterado
[FR.] altéré
[IT.] alterato
[AL.] verdorben, fehlerhaft

Amadeirado: AROMA *e sabor característicos de vinhos envelhecidos em barris de* CARVALHO.

[INGL.] woody
[ESP.] maderoso
[FR.] boisé
[IT.] legnoso
[AL.] Holzgeschmack

Amadurecimento: *Ver* MATURAÇÃO.

Amanhar: *Ver* ROÇAR.

Amanteigado: *Resultado da* FERMENTAÇÃO *ou do amadurecimento em barris, comum aos vinhos brancos como o chardonnay.*

[INGL.] buttered
[ESP.] mantecoso
[FR.] beurré
[IT.] ammorbidito
[AL.] buttrig, butterig

Amarelo: *Cor característica, típica de certos vinhos brancos.*

[INGL.] yellow
[ESP.] amarillo
[FR.] jaune
[IT.] giallo
[AL.] gelb

Amarelo-ouro: *Ver* DOURADO.

A

Amarelo-palha: *Cor característica de vinhos brancos jovens.*

[INGL.] straw-yellow
[ESP.] amarillo-rojizo
[FR.] paillé
[IT.] giallo paglierino
[AL.] strohgelb

Amargo: *Vinho afetado pela doença do* AMARGOR *ou elaborado com o* ENGAÇO *ou contaminado por metais.*

[INGL.] bitter
[ESP.] amargo
[FR.] amer
[IT.] amaro
[AL.] Bitter

Amargor: *Doença provocada pela ação de bactérias lácticas que atacam principalmente vinhos tintos.*

[INGL.] bitterness
[ESP.] amargor
[FR.] amertume
[IT.] amaro, malattia dell'amaro
[AL.] Bitterkeit

Amável: *Vinho ligeiramente* DOCE.

[INGL.] medium sweet
[ESP.] semi dulce, amable
[FR.] moelleux, semi-doux, aimable
[IT.] amabile
[AL.] halbsüß, lieblich

Âmbar: *Coloração que os vinhos brancos adquirem quando se oxidam.*

[INGL.] amber
[ESP.] ambarino
[FR.] ambré
[IT.] ambrato
[AL.] bernsteinfarben

Amêndoa: AROMA *característico dos vinhos brancos velhos da região de Bourgogne.*

[INGL.] almond
[ESP.] almendra
[FR.] amande
[IT.] mandorla
[AL.] Mandel

Amora: AROMA *característico de alguns vinhos da região de Bordeaux.*

[INGL.] blackberry
[ESP.] mora
[FR.] mûre
[IT.] mora
[AL.] Brombeere

Ampelografia: *Ciência da* VINHA *que estuda e classifica as cepas.*

A

[INGL.] ampelography
[ESP.] ampelografía
[FR.] ampélographie
[IT.] ampelografia
[AL.] Ampelographie, Rebsortenkunde

Ampelologia: *Ciência que estuda a cultura da* VINHA.

[INGL.] ampelology
[ESP.] ampelología
[FR.] ampélologie
[IT.] ampelologia
[AL.] Weinbauwissenschaft, Ampelologie

Amplo: *Vinho de aromas e sabores intensos, que preenchem a boca plenamente.*

[INGL.] ample
[ESP.] amplio
[FR.] ample, plein
[IT.] ampio
[AL.] voll, füllig

Amuo: *Ver* ABAFAMENTO.

Análise organoléptica: *Ver* ANÁLISE SENSORIAL.

Análise sensorial, análise organoléptica: *Processo que utiliza os cinco sentidos – visão, paladar, olfato, audição e tato – para analisar um vinho.*

[INGL.] sensory analysis, organoleptic examination
[ESP.] análisis sensorial o organoléptico
[FR.] analyse sensorielle ou organoleptique
[IT.] analisi sensoriale o organolettica
[AL.] sensorische Analyse, organoleptische Analyse

Anêmico: *Vinho* DÉBIL, PEQUENO, *sem* CORPO *nem cor.*

[INGL.] anaemic
[ESP.] anémico
[FR.] anémique
[IT.] anemico
[AL.] anämisch

Ânfora: *Recipiente de barro outrora utilizado para conservação do vinho.*

[INGL.] amphora
[ESP.] ánfora
[FR.] amphore
[IT.] anfora
[AL.] Amphoren

Anguloso: *Diz-se de um vinho de aspereza dominante, desarmônico.*

[INGL.] sharp, angular
[ESP.] anguloso, puntado
[FR.] anguleux, pointu
[IT.] anguloso
[AL.] kantig, eckig

A

Anidrido carbônico: *Ver* DIÓXIDO DE CARBONO.

Anidrido sulfuroso, dióxido de enxofre: *Usado no vinho como antisséptico,* ANTIOXIDANTE *e conservante, o* SO_2 *inibe a formação de microrganismos prejudiciais ao vinho e suspende fermentações precoces nas uvas que já foram colhidas.*

[INGL.] sulphurous anhydride, sulphur dioxide
[ESP.] anhídrido sulfuroso, azufre
[FR.] anhydride sulfureux, acide sulfureux
[IT.] anidride solforosa, gas solforoso
[AL.] Schwefelsäureanhydrid, Schwefeldioxid

Animal: *Qualifica uma das famílias de aromas de um vinho encontradas no mundo animal: couro, carne de caça, almíscar, pele ou lã molhada etc.*

[INGL.] animal
[ESP.] animal
[FR.] animal
[IT.] animale
[AL.] animalisch

Anis: AROMA *típico de alguns vinhos brancos.*

[INGL.] anise, aniseed
[ESP.] anís
[FR.] anis
[IT.] anice
[AL.] Anis

Antioxidante: *Desempenha função importante na qualidade do vinho, contribuindo para seu sabor e aroma. A quantidade desse composto varia de acordo com alguns fatores, como clima, natureza do solo, variedade, maturidade e* MACERAÇÃO *da* UVA, *temperatura de* FERMENTAÇÃO, pH, DIÓXIDO DE ENXOFRE *e* ETANOL.

[INGL.] antioxidant
[ESP.] antioxidante
[FR.] antioxydant
[IT.] antiossidante
[AL.] Antioxidantien

Antocianina: *Pigmento vermelho da* UVA *que confere cor ao vinho* TINTO.

[INGL.] anthocyanin
[ESP.] antocianina, antociano
[FR.] anthocyanine, anthocyane
[IT.] antocianina, antocianino, antociano
[AL.] Anthocyan(in), Anthozyan, Blumenblau

A

Apimentado: AROMA encontrado em algumas castas tintas, como Grenache, Syrah e Zinfadel.

[INGL.] spicy
[ESP.] picante
[FR.] pimenté, poivré
[IT.] piccante
[AL.] würzig

Aquecimento: Operação que consiste em aquecer o local da recepção da UVA para favorecer a FERMENTAÇÃO.

[INGL.] heating
[ESP.] calentamiento
[FR.] chauffage
[IT.] riscaldamento
[AL.] Erwärmung

Aquoso: Ver AGUADO.

Ardente: Vinho com alto TEOR ALCOÓLICO; provoca sensação de ardor.

[INGL.] fiery
[ESP.] ardiente
[FR.] brûlant
[IT.] arzente
[AL.] feurig

Areômetro: Instrumento usado para medir, com base na DENSIDADE DO MOSTO e no TEOR DE AÇÚCAR, o potencial de ÁLCOOL do vinho.

[INGL.] hydrometer
[ESP.] areómetro
[FR.] aréomètre
[IT.] areometro
[AL.] Aräometer

Aristocrático: Que tem classe e distinção; aplica-se somente aos vinhos secos, aos grandes vinhos espumosos e aos melhores xerezes, sauternes e portos.

[INGL.] aristocratic
[ESP.] aristocrático
[FR.] racé
[IT.] aristocratico
[AL.] rassig

Armazenagem: Forma de guardar as garrafas. Para que seja perfeita, estas devem ser mantidas deitadas, em prateleiras firmes, para que as rolhas permaneçam molhadas e impeçam a entrada de ar, em lugar fresco e arejado, com temperatura entre 14°C e 17°C e ao abrigo da luz.

[INGL.] storage
[ESP.] almacenado
[FR.] stockage
[IT.] stoccaggio
[AL.] Lagerung

Aroma, nariz: Presença de substâncias orgânicas naturais no vinho, percebidas pelo paladar e pelo olfato.

A

[INGL.] aroma, nose
[ESP.] aroma
[FR.] arôme, nez
[IT.] aroma, naso
[AL.] Aroma, Nase

Aroma de boca: *Ver* RETROGOSTO.

Aroma de redução: *Sabor ou aroma desagradáveis que se desenvolvem em ambientes livres de oxigênio, ou seja, no processo de* ENVELHECIMENTO *do vinho na garrafa.*

[INGL.] reduction odour
[ESP.] aromas de reducción
[FR.] réduit
[IT.] ridotto
[AL.] Reduktionsgeschmack

Aroma primário, aroma varietal: *Associado à variedade da* UVA. *São provenientes de frutados, florais, vegetais, herbáceos e minerais.*

[INGL.] primary aroma, varietal aroma
[ESP.] aroma primario, aroma varietal
[FR.] arôme primaire, arôme variétal
[IT.] aroma primario, aroma varietale
[AL.] Primäraroma, Artenaroma

Aroma secundário: *Proveniente da* FERMENTAÇÃO. *São os oriundos de madeiras, tostados, leveduras, manteiga, enxofre etc.*

[INGL.] secondary aroma
[ESP.] aroma secundario
[FR.] arôme secondaire
[IT.] aroma secondario
[AL.] Sekundäraroma

Aroma terciário, buquê: *Associado ao* ENVELHECIMENTO. *São os odores animais, químicos e de* MOFO.

[INGL.] tertiary aroma, bouquet
[ESP.] aroma terciario, bouquet
[FR.] arôme tertiaire, bouquet
[IT.] aroma terziario, bouquet
[AL.] Tertiäraroma, Bukett

Aroma varietal: *Ver* AROMA PRIMÁRIO.

Aromático: *Diz-se dos vinhos oriundos de castas aromáticas.*

[INGL.] aromatic
[ESP.] aromático
[FR.] aromatique
[IT.] aromatico
[AL.] aromatisch, würzig

A

Aromatizado: *Designa um vinho ao qual foram adicionados aromatizantes.*

[INGL.] aromatized
[ESP.] aromatizado
[FR.] aromatisé
[IT.] aromatizzato
[AL.] aromatisiert

Arquete: *Ver* LÁGRIMA.

Arranque: *Ver* MONDA.

Arrolhamento: *Ação de arrolhar; vedar uma garrafa com* ROLHA *ou* CÁPSULA.

[INGL.] corking
[ESP.] encorchamiento
[FR.] bouchage
[IT.] tappatura
[AL.] Verkorken

Arrotear: *Ver* ROÇAR.

Aspecto: *Diz respeito à* LIMPIDEZ, *transparência, viscosidade, cor, ao* DEPÓSITO *e à* EFERVESCÊNCIA *do vinho, verificados no exame visual que constitui a primeira etapa da degustação.*

[INGL.] colour
[ESP.] capa
[FR.] robe
[IT.] aspetto
[AL.] Robe

Áspero: *Vinho com* ACIDEZ *e* ADSTRINGÊNCIA *excessivas.*

[INGL.] rough
[ESP.] áspero, duro
[FR.] âpre, rugueux
[IT.] aspro, ruvido
[AL.] herb, adstringierend

Assemblage: *Ver* CORTE.

Assoalhamento: *Processo em que os cachos de* UVA *são colhidos ao término da* MATURAÇÃO *e expostos ao sol para secagem, provocando desidratação, tal qual ocorre na produção de passas. O resultado é a concentração do* AÇÚCAR *nas uvas decorrente da perda de* ÁGUA.

[INGL.] raising
[ESP.] pasificación
[FR.] passerillage
[IT.] appassimento
[AL.] Trocknung von Trauben, Bildung von Zibeben

Ataque: *Primeira impressão sensorial que o vinho produz no paladar.*

[INGL.] attack
[ESP.] ataque
[FR.] attaque
[IT.] attacco
[AL.] Attack

— 41 —

A

Atesto: *Prática de preencher os tanques periodicamente à medida que o nível do vinho diminui, em virtude da evaporação ou da mudança de temperatura. Isso evita a* OXIDAÇÃO *e o desenvolvimento de microrganismos aeróbicos.*

[INGL.] topping up, filling up
[ESP.] llenado
[FR.] ouillage, remplissage, recapage
[IT.] riempimento, colmatura
[AL.] Auffüllen

Atijolado: *Característica de vinhos tintos envelhecidos, cuja cor tende ao ocre.*

[INGL.] tile-red
[ESP.] tela de cebolla
[FR.] tuilé
[IT.] color mattone
[AL.] ziegelrot

Austero: *Denominação aplicada aos vinhos tintos jovens marcados pelo alto* TEOR ALCOÓLICO *e pelos taninos.*

[INGL.] austere
[ESP.] austero
[FR.] austère
[IT.] austero
[AL.] streng

Autêntico: *Diz-se do vinho que se ajusta à sua* DENOMINAÇÃO, *ao seu tipo.*

[INGL.] authentic
[ESP.] auténtico
[FR.] authentique
[IT.] autentico
[AL.] authentisch

Autoclave: *Tanques fechados e pressurizados, nos quais ocorre a* SEGUNDA FERMENTAÇÃO *dos espumantes feitos pelo* MÉTODO CHARMAT.

[INGL.] autoclave
[ESP.] autoclave, tanque de presión
[FR.] cuve close, autoclave
[IT.] autoclave
[AL.] Drucktank, Autoklav

Autólise: *Período em que o* ESPUMANTE *fica na garrafa em contato com as leveduras.*

[INGL.] autolysis
[ESP.] autolisis
[FR.] autolyse
[IT.] autolisi
[AL.] Autolyse

Aveludado: *Diz-se do vinho* SUAVE, *de textura agradável e sedosa.*

A

[INGL.] velvety
[ESP.] aterciopelado
[FR.] velouté
[IT.] vellutato
[AL.] samtig

Avinagrado: *Diz-se do vinho cuja alta quantidade de* ÁCIDO ACÉTICO *indica que logo será transformado em vinagre.*

[INGL.] vinagarish
[ESP.] acre
[FR.] aigrelet
[IT.] asprigno, acerbo
[AL.] leicht säuerlich

Avinhar: *Dar o sabor e o cheiro de vinho a; embeber de vinho um tonel.*

[INGL.] rinse with wine season a cask with wine
[ESP.] envinar
[FR.] aviner, rincer
[IT.] avvinare
[AL.] avinieren

Azedume: *Ver* ACESCÊNCIA.

– 43 –

Baco: *Ver* Dionísio.

Bactéria acética: *Responsável pelo avinagramento do vinho. A do gênero* acetobacter *é a mais ativa.*

[INGL.] acetic acid bacteria, acetobacter
[ESP.] bacteria acética, acetobacteria
[FR.] bactérie acétique, acetobacter
[IT.] batterio acetic, batterio dell'aceto
[AL.] Essigsäurebakterie

Bagaceira: Aguardente *produzida da* casca *ou do* bagaço *da* uva.

[INGL.] pomace brandy
[ESP.] aguardiente de orujo
[FR.] eau-de-vie de marc
[IT.] grappa, grappa de vino
[AL.] Schnaps

Bagaço: *Parte sólida resultante da* prensagem *de uvas frescas.*

[INGL.] (grape) pomace, gross lees
[ESP.] orujo, borra
[FR.] marc de raisin, bourre
[IT.] vinaccia
[AL.] Trester, Knospenwolle

Bago da uva: *Fruto formado por uma* pele *de espessura variável, a* película*, e, na parte interna, pela* polpa *e*

B

pelas sementes, em número de zero a quatro, de acordo com a variedade.

[INGL.] grape berry
[ESP.] baya de la uva
[FR.] baie de raisin
[IT.] bacca de uva, acino
[AL.] Traubenbeere

Bagoinha: *Anomalia que provoca irregularidades e pequenez nos cachos de* UVA *em razão da fecundação incompleta.*

[INGL.] millerandage
[ESP.] corrido
[FR.] millerandage
[IT.] acinellatura
[AL.] Verrieseln

Baguinha: *Ver* AGRAÇO.

Balanceado: *Ver* EQUILIBRADO.

Balde de gelo: *Recipiente de forma cilíndrica usado para refrescar ou climatizar o vinho. A temperatura correta é de extrema importância para a boa degustação, uma vez que esta influencia diretamente no sabor e no aroma do vinho.*

[INGL.] ice bucket
[ESP.] cubitera
[FR.] seau à glace
[IT.] secchiello per il ghiaccio
[AL.] Eiskübel

Baldeação: *Ver* TRASFEGA.

Balsâmico: AROMA *nobre que lembra incenso, pinheiro; encontrado em alguns vinhos envelhecidos.*

[INGL.] balsamic
[ESP.] balsámico
[FR.] balsamique
[IT.] balsamico
[AL.] balsamisch

Baltazar: *Tipo de garrafa que armazena 12l, o equivalente a 16 garrafas de* CHAMPANHE.

[INGL.] Balthazar
[ESP.] Baltasar
[FR.] Balthazar
[IT.] Balthazar
[AL.] Balthasar

Banana: AROMA *frutado encontrado em vinhos muitos jovens.*

[INGL.] banana
[ESP.] banana
[FR.] banana
[IT.] banana
[AL.] Banana

Barrica: *Recipiente de madeira de 200l a 250l, usado para* ENVELHECIMENTO *ou estocagem dos vinhos tintos.*

[INGL.] barrel, cask, pipe

B

[ESP.] barrica, barrilito, casco, fudre
[FR.] baril, barrique, fût, futaille
[IT.] barile, botte, bottame, fusto
[AL.] Barril, Fass, Fuder

Barrica bordalesa: *Recipiente de madeira com capacidade para 225l, usado em Bordeaux para* ENVELHECIMENTO *ou estocagem dos vinhos tintos.*

[INGL.] Bordeaux barrel
[ESP.] barrica bordelesa
[FR.] barrique bordelaise
[IT.] barrique bordolese
[AL.] Bordeaux-Karaffe

Barril: *Recipiente de madeira usado para* ENVELHECIMENTO *ou estocagem dos vinhos tintos, com diversas capacidades volumétricas.*

[INGL.] barrel
[ESP.] barril
[FR.] baril
[IT.] barile
[AL.] Gebinde, Fass

Batizado: *Ver* DILUÍDO.

Batonagem: *Operação que consiste em levantar as borras que se depositam no fundo das cubas, com a ajuda de um bastão. Essa técnica previne a* OXIDAÇÃO *e é muito utilizada na elaboração dos vinhos brancos.*

[INGL.] stirring up of the lees, bâtonnage
[ESP.] bastoneo, remover las lías
[FR.] bâtonnage
[IT.] bâtonnage
[AL.] Aufrühren des Hefesatzes

Batoque: *Rolha para vedar* BARRIL *de vinho.*

[INGL.] bung, cellar plug
[ESP.] botana
[FR.] bonde, esquive
[IT.] cocciume, zipolo, zaffo
[AL.] Spund

Baunilha: *Aroma transmitido pelos barris de* CARVALHO *ao vinho e ao* CONHAQUE, *durante o processo de* ENVELHECIMENTO.

[INGL.] vanilla
[ESP.] vainilla
[FR.] vanille
[IT.] vaniglia
[AL.] Vanille

Bentonite: *Espécie de argila usada nos processos de* CLARIFICAÇÃO *ou de* COLAGEM *dos vinhos.*

B

[INGL.] bentonite
[ESP.] bentonita
[FR.] bentonite
[IT.] bentonite
[AL.] Bentonit

Blanc de blancs: *Termo francês empregado para identificar um vinho* BRANCO *elaborado com uvas brancas. Na região de Champagne, na França, diz-se do* CHAMPANHE *elaborado com uvas Pinot e Chardonnay.*

[INGL.] blanc de blancs (wine resulting from white grapes)
[ESP.] blanc de blancs (vino elaborado con uvas blancas)
[FR.] blanc de blancs (vin élaboré avec des raisins blancs)
[IT.] blanc de blancs (vino elaborato con uve bianche)
[AL.] blanc de blancs (Weißwein aus hellen Trauben)

Blanc de noirs: *Termo francês usado para designar um vinho* BRANCO *elaborado com uvas tintas, geralmente Pinot Noir.*

[INGL.] blanc de noirs (wine resulting from red grapes)
[ESP.] blanc de noirs (vino elaborado con uvas tintas)
[FR.] blanc de noirs (vin élaboré avec des raisins rouges)
[IT.] blanc de noirs (vino elaborato con uve rosse)
[AL.] blanc de noirs (Weißwein aus dunklen Trauben)

Boisé: *Termo francês que qualifica o* AROMA *dos vinhos envelhecidos em barrica.*

[INGL.] cask taste, woody taste, timbered
[ESP.] sabor a madera
[FR.] boisé, goût de fût
[IT.] gusto di fusto, gusto di botte
[AL.] waldig, holzig (Geruch)

Bolor: *Ver* MOFO.

Borbulha: *Responsável pelo aroma do* ESPUMANTE, *é resultado do* DIÓXIDO DE CARBONO *proveniente da* FERMENTAÇÃO *na garrafa. Quanto menores, em maior volume e maior* PERSISTÊNCIA, *melhor será o espumante. Uma única garrafa aberta de 750ml pode conter até 56 milhões delas.*

[INGL.] bubble
[ESP.] burbuja
[FR.] bulle
[IT.] bolla, bollicine
[AL.] Bläschen

– 48 –

B

Borra, depósito, sedimento: *Partícula sólida presente no* MOSTO, *a qual se deposita como sedimento no fundo dos recipientes.*

[INGL.] lee, deposit, sediment
[ESP.] hez, depósito, sedimento
[FR.] lie, dépôt, sédiment
[IT.] feccia, deposito
[AL.] Hefen, Hefedepot, Niederschlag, Depot

Botritizado: *Diz-se do vinho elaborado com as uvas atacadas pelo fungo* BOTRYTIS CINEREA.

[INGL.] botrytized
[ESP.] botritizado
[FR.] botrytisé
[IT.] botritizzato
[AL.] Schimmelbefall

Botrytis cinerea: *De* botrys, *cacho; e* cinereo, *cinzento. É um fungo que se desenvolve nos bagos das uvas e que dá origem à* PODRIDÃO CINZA *e à* PODRIDÃO NOBRE.

[INGL.] botrytis cinerea
[ESP.] botrytis cinerea
[FR.] botrytis cinerea
[IT.] botrytis cinerea
[AL.] Botrytis cinerea

Bouchonné: *Termo francês que designa um vinho com gosto de* ROLHA. *Esse defeito é transmitido ao vinho pela* ROLHA *contaminada pelo fungo* Armilaria mellea.

[INGL.] corked, cork taste
[ESP.] acorchado, olor a corcho
[FR.] bouchonné
[IT.] odore di tappo
[AL.] Korkgeruch

Branco: *Vinho resultante da* FERMENTAÇÃO *do suco de uvas brancas ou tintas, sem as partes sólidas da* UVA – CASCA *e semente.*

[INGL.] white wine
[ESP.] vino blanco
[FR.] vin blanc
[IT.] vino bianco
[AL.] Weißwein

Brandy: *Termo inglês aplicado para as aguardentes de vinho elaboradas fora das regiões demarcadas de Cognac e Armagnac, na França.*

[INGL.] brandy
[ESP.] brandy
[FR.] brandy
[IT.] brandy
[AL.] Brandy

B

Brilhante: *Característica dos vinhos brancos e rosés. Refere-se ao* ASPECTO *visual* LÍMPIDO *e transparente que apresentam.*

[INGL.] brilliant
[ESP.] brillante
[FR.] brillant, éclatant
[IT.] brillante, cristallino
[AL.] brillant

Brotação: *Ver* DESABROCHAR.

Brut: *Termo francês utilizado para vinhos espumantes naturais muito secos, com* TEOR DE AÇÚCAR *residual inferior a 15g/l.*

[INGL.] brut
[ESP.] brut
[FR.] brut
[IT.] brut
[AL.] brut, trocken, naturherb

Buquê: *Ver* AROMA TERCIÁRIO.

C

Cacho de uva: *Conjunto composto de uma parte carnuda, os bagos de* UVA, *e de uma parte lenhosa, o* ENGAÇO.

[INGL.] bunch of grapes, grape cluster
[ESP.] racimo
[FR.] grappe
[IT.] grappolo
[AL.] Traube

Calda bordalesa: *Fungicida agrícola que ajuda a combater numerosas doenças da videira. É resultado da mistura de sulfato de cobre, cal hidratada ou cal virgem e água.*

[INGL.] Bordeaux mixture
[ESP.] caldo bordelés
[FR.] bouille bordelaise
[IT.] poltiglia bordolese
[AL.] Kupferkalkbrühe

Cansado, fatigado: *Vinho que, após ter sido filtrado, engarrafado ou transportado, perdeu suas características momentaneamente.*

[INGL.] tired, disturbed, mârché
[ESP.] fatigado
[FR.] fatigué, mârché
[IT.] stanco, snervato
[AL.] müde

C

Cantina: *Instalação onde ocorre a* VINIFICAÇÃO, *ou seja, a elaboração ou produção do vinho.*

[INGL.] winery, cellar
[ESP.] bodega
[FR.] cave de vinification, cave
[IT.] cantina di elaborazione
[AL.] Weinkeller, Kellerei

Capitoso: *Vinho com* TEOR ALCOÓLICO *muito elevado.*

[INGL.] heady
[ESP.] cabezón
[FR.] capiteux
[IT.] molto caldo, intenso
[AL.] berauschend

Cápsula: *Invólucro que serve para proteger a* ROLHA *e a boca do* GARGALO, *vestindo a garrafa. Pode ser de plástico, estanho ou uma mistura de alumínio e plástico.*

[INGL.] capsule
[ESP.] cápsula, capuchón
[FR.] capsule
[IT.] capsula
[AL.] Kapsel

Carafe: *Garrafa de vidro ou de cristal, de pescoço curto e embocadura larga.*

[INGL.] carafe
[ESP.] garrafa
[FR.] carafe
[IT.] caraffa
[AL.] Karaffe

Caráter: *Diz respeito à "personalidade" ou à singularidade de um vinho. Estilo e características que identificam um vinho, distinguindo-o de outros.*

[INGL.] character
[ESP.] carácter
[FR.] caractère
[IT.] carattere
[AL.] Charakter

Carnoso: *Vinho que conserva bem suas qualidades,* ENCORPADO. *Termo aplicado a tintos.*

[INGL.] fleshy, chewy
[ESP.] carnoso
[FR.] charnu
[IT.] carnoso, polputo
[AL.] fleischig

Carregado: *Ver* PESADO.

Carta de vinhos: *Lista usada em bares e restaurantes para orientar a escolha do cliente. Em uma carta bem elaborada, devem constar o nome do vinho, o tipo, o produtor, a* SAFRA, *a região, o país de origem, a capacidade de cada garrafa e, por fim, o preço.*

C

[INGL.] wine list
[ESP.] carta de vinos
[FR.] carte des vins
[IT.] carta dei vini
[AL.] Weinkarte

Carvalho: *Matéria-prima para fabricação de barris ou tonéis.*

[INGL.] oak
[ESP.] roble
[FR.] chêne
[IT.] quercia
[AL.] Eiche

Casca: *Ver* PELE.

Casse: *Nome dado às alterações enzimáticas e químicas que podem ocorrer no vinho, provocando turbidez. A saber: casse oxidásica proveniente de uvas com condição sanitária inadequada; casse férrica ocasionada pelo elevado teor de ferro, e a casse cúprica ocasionada pelo alto teor de cobre.*

[INGL.] break, casse
[ESP.] quiebra, casse
[FR.] casse
[IT.] casse
[AL.] Bruch

Cassis: AROMA *característico de vinhos produzidos com a* UVA *Pinot Noir na Borgonha.*

[INGL.] black currant
[ESP.] grosella negra
[FR.] cassis
[IT.] ribes nero
[AL.] schwärze Johannisbeere

Casta: *Variedade de videiras da mesma espécie que têm origem comum e as mesmas características.*

[INGL.] vine variety
[ESP.] variedad de cepa, viduño
[FR.] cépage
[IT.] vitigno, varietà
[AL.] Rebsorte

Casta nobre: CASTA *que se destaca por suas qualidades.*

[INGL.] noble grape
[ESP.] cepa noble
[FR.] cépage noble
[IT.] vitigno nobile
[AL.] Edelrebe

Castanha: AROMA *característico de alguns vinhos chardonnay.*

[INGL.] chestnut
[ESP.] castaña
[FR.] châtaigne
[IT.] castagna
[AL.] kastanienartig

Caudalia: *Unidade de medida de* PERSISTÊNCIA *aromática de*

C

um vinho na boca; 1 caudalia = 1 segundo.

[INGL.] caudalie
[ESP.] caudalía
[FR.] caudalie
[IT.] caudalia
[AL.] Caudalie

Cavalo: *Ver* PORTA-ENXERTO.

Caveau: *Lugar da* ADEGA *onde os vinhos mais valiosos são guardados.*

[INGL.] cellaret
[ESP.] santuario
[FR.] caveau, paradis
[IT.] caveau
[AL.] kleiner Weinkeller

Cedro: AROMA *da madeira do cedro presente em alguns cabernets sauvignon.*

[INGL.] cedar
[ESP.] cedro
[FR.] cèdre
[IT.] cedro
[AL.] Zedern

Centrifugação: *Método de* CLARIFICAÇÃO *do* MOSTO *que permite separar as partes sólidas em suspensão.*

[INGL.] centrifugation
[ESP.] centrifugación
[FR.] centrifugation
[IT.] centrifugazione
[AL.] Zentrifugieren

Cepa: *Tronco da videira e seus ramos.*

[INGL.] vine
[ESP.] cepa
[FR.] cep
[IT.] ceppo
[AL.] Rebstock

Cesto de garrafa: *Suporte para garrafa que serve para ajudar a servir o vinho.*

[INGL.] cradle
[ESP.] cesta para el vino
[FR.] panier (de vin)
[IT.] cestino per il vino
[AL.] Weinkorb

Chambrer: *Termo francês que, na linguagem do vinho, significa fazer com que o* TINTO *alcance a temperatura ambiente.*

[INGL.] to bring to room temperature, chambrer
[ESP.] dejar a la temperatura ambiente, chambrer
[FR.] chambrer
[IT.] portare a temperatura ambiente, ambientare
[AL.] auf Zimmertemperatur bringen

Champanhe: *Vinho* ESPUMANTE, *de origem francesa,*

C

produzido de uvas Pinot Noir, Pinot Meunier e Chardonnay, cultivadas em áreas delimitadas, na região do mesmo nome. Quando produzido em outras regiões da França, é chamado de vin mousseux.

[INGL.] champagne
[ESP.] champaña, champán, champagne
[FR.] champagne
[IT.] champagne
[AL.] Champagner

Champanhe rosé: *Pode ser elaborada de duas maneiras. A primeira e mais comum é denominada adição ou mistura, que consiste na introdução de um pequeno percentual de vinho* TINTO *ao vinho* BRANCO *base, antes da* SEGUNDA FERMENTAÇÃO *em garrafa. A segunda é denominada* SANGRIA,[2] *que se resume em deixar as cascas tintas fermentando junto com o* MOSTO *até atingir a cor considerada ideal. Depois dessa etapa, as cascas são separadas e o processo segue normalmente.*

[INGL.] pink champagne, rosé champagne
[ESP.] champaña rosada
[FR.] champagne rosé
[IT.] champagne rosé
[AL.] Champagner Rosé

Champanheira: *Ver* GARRAFA DE CHAMPANHE.

Chapéu: *Denominação dada às partes sólidas que se concentram na superfície do* MOSTO *por ocasião da* FERMENTAÇÃO TUMULTUOSA.

[INGL.] cap, head
[ESP.] sombrero
[FR.] chapeau
[IT.] cappello
[AL.] Hut, Tresterhut

Chaptalização: *Operação que consiste na adição de açúcar aos mostos deficientes nessa substância.*

[INGL.] sugaring, chaptalization
[ESP.] azuquerar, chaptalización
[FR.] sucrage, chaptalisation
[IT.] zuccheraggio
[AL.] Zuckerung, Chaptalisierung

Château: *Designação de um vinho proveniente de determinada propriedade particular. É uma palavra muito usada na região de Bordeaux.*

[INGL.] château
[ESP.] château
[FR.] château

C

[IT.] castello
[AL.] Château

Chato, plano: *Vinho com carência de* ACIDEZ. *Em espumantes, vinho que perdeu o gás.*

[INGL.] flat
[ESP.] plano
[FR.] plat
[IT.] piatto
[AL.] flach

Cheio, pleno: *Vinho que tem bom* CORPO, *cor e alto* TEOR ALCOÓLICO.

[INGL.] full
[ESP.] lleno
[FR.] plein
[IT.] pieno
[AL.] füllig

Chianti: *Vinho italiano elaborado com uvas tintas Sangiovese e Canaiolo, e brancas Trebbiano e Malvásia. É produzido em áreas delimitadas na região da Toscana. Desde 1984, tornou-se um vinho DOCG – Denominazione di Origine Controllata e Garantita.*

[INGL.] Chianti
[ESP.] Chianti
[FR.] Chianti
[IT.] Chianti
[AL.] Chianti

Clarete: *Nome dado para os vinhos tintos franceses de Bordeaux, de cor mais clara.*

[INGL.] pale
[ESP.] clarete, tintillo
[FR.] Clairet
[IT.] chiaretto
[AL.] Weissherbst, Klarettwein

Clarificação: *Processo físico de aglutinação das partículas suspensas no vinho, no fundo do tonel, de forma a torná-lo mais* LÍMPIDO. *Os métodos mais utilizados para a* CLARIFICAÇÃO *são a* CENTRIFUGAÇÃO, *a* FILTRAÇÃO *e a* COLAGEM.

[INGL.] clarification
[ESP.] clarificación
[FR.] clarification
[IT.] chiarificazione
[AL.] Klärung

Claro: *Diz-se dos vinhos brancos jovens. Também pode caracterizar um* DEFEITO DO VINHO *quando há falta de cor.*

[INGL.] clear
[ESP.] claro
[FR.] clair
[IT.] chiaro
[AL.] klar

Classificação: *Indica a qualidade do vinho. Cada país adota suas próprias regras.*

C

[INGL.] classification
[ESP.] clasificación
[FR.] classement
[IT.] classificazione
[AL.] Klassifizierung

Clone: *Pé de videira selecionado e cultivado em viveiro, com base em uma videira-mãe. É utilizado para propagar um grupo de videiras de características desejáveis e mais adaptáveis a determinado ambiente.*

[INGL.] clone
[ESP.] clon
[FR.] clone
[IT.] clone
[AL.] Klon

Clos: *Termo francês que designa um* VINHEDO *que é, ou foi, cercado por um muro. É encontrado com frequência na Borgonha.*

[INGL.] clos
[ESP.] clos
[FR.] clos
[IT.] clos, recintato
[AL.] Clos

Cola de peixe, ictiocola: *Substância gelatinosa obtida das bexigas de alguns peixes de água doce. Depois de limpa e seca, é utilizada na* COLAGEM *de vinhos.*

[INGL.] fish glue, isinglass
[ESP.] cola de pescado, ictiocola
[FR.] colle de poisson, ichtyocolle
[IT.] colla di pesce, ittiocolla
[AL.] Fischleim, Hausenblase

Colagem: *Técnica de* CLARIFICAÇÃO *que consiste em adicionar certos clarificantes ou colas ao vinho, como* BENTONITE, *caseína, clara de ovo ou* COLA DE PEIXE. *Estas aglutinam as partículas indesejáveis em suspensão, limpando o vinho.*

[INGL.] fining
[ESP.] clarificación
[FR.] collage
[IT.] collaggio, chiarificazione
[AL.] Schönung

Colarinho: *Ver* RÓTULO DO GARGALO.

Colheita: *Deve ser feita nos períodos mais secos e nas primeiras horas da manhã. Os cachos têm de ser colhidos cuidadosamente e colocados em pequenos recipientes para que não sofram durante o transporte. O mesmo que* VINDIMA.

[INGL.] harvest, vintage
[ESP.] cosecha, vendimia
[FR.] récolte, vendange

C

[IT.] raccolta, vendemmia
[AL.] Ernte, Weinlese

Colheita tardia: *Típica de uvas sobrematuradas, os produtores retardam a* VINDIMA *por uma ou duas semanas visando obter concentração maior em açúcares e aromas.*

[INGL.] late harvest
[ESP.] vendimia tardía
[FR.] vendange tardive
[IT.] vendemmia tardiva
[AL.] verzögerte Weinlese

Coloração: *É o melhor indicador de maturidade, sanidade e idade de um vinho.*

[INGL.] coloring of wine
[ESP.] coloración del vino
[FR.] coloration du vin
[IT.] colorazione del vino
[AL.] Weinfärbung

Colorímetro: *Instrumento que serve para determinar a intensidade de uma cor.*

[INGL.] colorimeter
[ESP.] colorímetro
[FR.] colorimètre
[IT.] colorimetro
[AL.] Farbmessgerät, Kolorimeter

Completo: *Diz-se do vinho de constituição perfeita.*

[INGL.] complete
[ESP.] completo
[FR.] complet
[IT.] completo
[AL.] komplett, vollkommen

Complexo: *Diz-se de um vinho que provoca sensações gustativas variadas.*

[INGL.] complex
[ESP.] complejo
[FR.] complexe
[IT.] complesso
[AL.] vielfältig, komplex

Composto fenólico: *Ver* POLIFENOL.

Comum, consumo corrente (de): *Sem defeitos, mas sem qualidades a destacar.*

[INGL.] common, coarse, mundane, vulgar
[ESP.] común, corriente
[FR.] commun, de consommation, rustaud, vulgaire
[IT.] comune, ordinario, volgare
[AL.] Schoppenwein

Concentrado: *Qualifica um vinho com muito* AROMA, *sabor e cor.*

[INGL.] concentrated
[ESP.] concentrado

C

[FR.] concentré
[IT.] concentrato
[AL.] konzentriert

Condimentado: *Termo usado para um vinho que tem* AROMA *de especiarias, como pimenta, cravo-da-índia,* ANIS, *canela, alcaçuz etc.*

[INGL.] flavored
[ESP.] condimentado
[FR.] épicé
[IT.] aromatizzato
[AL.] gewürzt

Confraria de vinho: *Grupo de pessoas que apreciam vinho.*

[INGL.] brotherhood, wine society
[ESP.] cofradía
[FR.] confrérie
[IT.] confraternita
[AL.] Bruderschaft, Confrérie

Conhaque: *Melhor e mais conhecida* AGUARDENTE VÍNICA, *é produzida na região demarcada de Cognac, no sudoeste da França. Elaborada à base de vinhos brancos, é destilada por meio da técnica charentaise, que utiliza o* ALAMBIQUE *de cobre a fogo direto. Recebe denominações diferentes em virtude do* ENVELHECIMENTO: *considerada Very Superior (V.S.), quando o* DESTILADO *mais jovem tem 30 meses de* ENVELHECIMENTO, *Very Superior Old Pale (V.S.O.P.), quando o* DESTILADO *mais jovem tem quatro anos e meio de* ENVELHECIMENTO, *e Napoléon Extra Old (X.O.), ou Hors Âge, quando o* DESTILADO *mais jovem tem mais de seis anos e meio de* ENVELHECIMENTO.

[INGL.] cognac
[ESP.] coñac
[FR.] cognac
[IT.] cognac
[AL.] Cognac, Weinbrand

Consistência: *Sensação tátil que diz se o vinho é oleoso,* PASTOSO, SUAVE, DURO, *viscoso etc.*

[INGL.] consistency
[ESP.] consistencia
[FR.] consistance
[IT.] consistenza
[AL.] Konsistenz

Consistente: *Vinho* FIRME *e* DENSO *com alguns taninos presentes.*

[INGL.] consistent
[ESP.] consistente
[FR.] consistant
[IT.] consistente
[AL.] konsistent

C

Consumo corrente (de):
Ver COMUM.

Contrarrótulo: *Colocado na parte de trás da garrafa, abrange informações sobre elaboração do vinho, sugestões sobre a maneira de servi-lo e condições ideais de conservação. No Brasil, são informações obrigatórias: a razão social, o endereço e o CNPJ (Cadastro Nacional da Pessoa Jurídica) do responsável, a composição e a validade do produto, o número do lote e o nome do técnico responsável. Devem constar advertências sobre beber moderadamente e a proibição de venda a menores, bem como a frase "Não contém glúten".*

[INGL.] back label
[ESP.] contraetiqueta
[FR.] contre-étiquette
[IT.] controetichetta
[AL.] Rückenetikett

Cooperativa vitivinícola: *Agrupamento de viticultores para cultivar, produzir e comercializar os seus vinhos, bem como dividir os benefícios em partes iguais.*

[INGL.] wine cooperative
[ESP.] cooperativa vinícola
[FR.] cave coopérative
[IT.] cooperativa viticola
[AL.] Winzergenossenschaft

Copo de prova: *Copo empregado na* DEGUSTAÇÃO DE VINHO.

[INGL.] tasting cup, tasting glass
[ESP.] taza de catar
[FR.] tasse à déguster, verre à déguster
[IT.] bicchiere per degustazzione, tazza per degustare
[AL.] Probetasse, Probeglas

Corpo: *Diz respeito ao peso do vinho percebido na boca, resultante do* TEOR ALCOÓLICO *e de* EXTRATO SECO.

[INGL.] body
[ESP.] cuerpo, carne
[FR.] corps, chair
[IT.] corpo
[AL.] Körper

Correção do mosto: *Conjunto de técnicas regulamentadas e autorizadas, utilizadas para corrigir as deficiências do* MOSTO. *A* CHAPTALIZAÇÃO, *a* ACIDIFICAÇÃO *e a* DESADIFICAÇÃO *são exemplos dessas técnicas.*

[INGL.] amelioration of musts

C

[ESP.] corrección del mosto
[FR.] amélioration des moûts
[IT.] correzione dei mosti
[AL.] Verbesserung des Traubenmostes

Corte, assemblage: *Mistura de vários vinhos diferentes para obter um resultado mais* EQUILIBRADO.

[INGL.] assemblage, blending
[ESP.] ensamblaje, mezcla
[FR.] assemblage
[IT.] taglio, assemblaggio
[AL.] Verschnittkomposition

Cortiça: *Matéria-prima da fabricação de rolhas, é retirada da casca do sobreiro.*

[INGL.] cork
[ESP.] corcho
[FR.] liège
[IT.] sughero
[AL.] Korke

Cortina: *Ver* QUEBRA-VENTO.

Crémant: ESPUMANTE *produzido fora da região de Champagne, na França, elaborado pelo* MÉTODO CHAMPENOISE – *a* SEGUNDA FERMENTAÇÃO *ocorre na própria garrafa.*

[INGL.] Crémant
[ESP.] Crémant
[FR.] Crémant
[IT.] Crémant
[AL.] Crémant

Crianza: *Denominação aplicada aos vinhos espanhóis envelhecidos pelo tempo mínimo de dois anos, dos quais pelo menos 12 meses em* BARRIL *de* CARVALHO *para os vinhos tintos e seis meses em* BARRIL *de* CARVALHO *para os brancos e rosados. Significa "vinho de criação".*

[INGL.] crianza
[ESP.] crianza
[FR.] crianza
[IT.] crianza
[AL.] Crianza

Cristalino: *Vinho* LÍMPIDO *e* LUMINOSO.

[INGL.] crystalline
[ESP.] cristalino
[FR.] cristallin
[IT.] cristallino
[AL.] kristallklar

Cru: *Termo usado na França para designar um* VINHEDO *específico ou uma zona delimitada com aptidão para produzir vinhos com características originais e de ótima qualidade.*

[INGL.] Cru
[ESP.] Cru

C

[FR.] Cru
[IT.] Cru
[AL.] Cru

Cuba, tina: *Recipiente utilizado para a* FERMENTAÇÃO *do* MOSTO. *Pode ser de madeira, de aço inoxidável ou de cimento.*

[INGL.] tank, vat, holding vat, fermenter
[ESP.] tina de fermentación, tina de depósito, cuba, dornajo
[FR.] cuve de fermentation, tine
[IT.] tino di fermentazione, tino di deposito
[AL.] Tank, Bottich, Kübel, Bütte

Cubagem: *Corresponde à colocação dos mostos na* CUBA *para iniciar o processo de* FERMENTAÇÃO.

[INGL.] tank fermentation
[ESP.] encubado
[FR.] cuvage, cuvaison
[IT.] fermentazione
[AL.] Maischegärung

Cultivo: *Ato de cultivar uma videira.*

[INGL.] cultivation
[ESP.] cultivo
[FR.] labour
[IT.] coltivo, coltura
[AL.] Kultvierung

Curto: *Vinho de aroma e sabor fugaz.*

[INGL.] short
[ESP.] corto
[FR.] court
[IT.] corto
[AL.] kurz

Cuspideira: *Recipiente destinado a receber o vinho que os provadores não ingerem durante uma degustação.*

[INGL.] spittoon
[ESP.] escupidera
[FR.] crachoir
[IT.] sputacchiera
[AL.] Spucknapf

Cuvée: *Termo em francês que indica tanto um vinho proveniente dos mostos da primeira* PRENSAGEM *("tête de cuvée") como uma mistura feita de diferentes variedades de uvas, ou de uvas provenientes de diferentes vinhedos, ou ambos os casos. Na* VITICULTURA *indica*

C

um vinho feito em um mesmo momento e sob as mesmas condições, e também nomeia o conteúdo de uma cuba.

[INGL.] cuvée
[ESP.] cuvée
[FR.] cuvée
[IT.] cuvée
[AL.] Cuvée

Dame-jeanne: *Garrafão de vidro, revestido de palha ou de vime, destinado à conservação e ao transporte de bebidas, com capacidades variadas.*

[INGL.] demijohn
[ESP.] damajuana
[FR.] dame-jeanne, bonbonne
[IT.] damigiana
[AL.] Korbflasche, Ballonflasche

Débil: *Ver* MOLE.

Decantação: *Processo de separar o vinho de seus sedimentos, de suas borras.*

[INGL.] decantation, decanting
[ESP.] decantación
[FR.] décantation, décantage
[IT.] decantazione
[AL.] Dekantieren

Decantar: *Transferir, para uma jarra, o vinho da garrafa, a fim de separar os sedimentos originários do* ENVELHECIMENTO.

[INGL.] decant, to
[ESP.] decantar
[FR.] décanter
[IT.] decantare
[AL.] dekantieren

D

Decanter: *Jarra incolor e bojuda na qual se verte o vinho com a intenção de arejá-lo antes de ser servido.*

[INGL.] (wine) decanter
[ESP.] decantador, jarra decantadora
[FR.] décanteur, décantoir
[IT.] caraffa di decantazione, decantatore, decanter
[AL.] Dekantierflasche, Dekanter

Decrépito: *Característica dada a um vinho organolepticamente apagado por ser demasiadamente* VELHO.

[INGL.] decrepit, decayed, faded
[ESP.] decrépito, pasado
[FR.] décrépit, dépouillé, flétri
[IT.] decrepito, pasato
[AL.] tot, überaltert

Defecação: *Processo de sedimentação do* MOSTO *que ocorre após a* SULFITAÇÃO *e antes da* FERMENTAÇÃO.

[INGL.] racking of the must, settling of solids, defecation, debourbage
[ESP.] defecación, desfangado, deburbado, desvinazado
[FR.] débourbage, défécation
[IT.] sfecciatura, defecazione, schiumatura
[AL.] Vorklären, Entschleimen

Defeito do vinho: *Ver* DOENÇA DO VINHO.

Defeituoso: *Vinho que apresenta um ou mais defeitos.*

[INGL.] faulty, defective
[ESP.] defectuoso
[FR.] défectueux
[IT.] difettoso
[AL.] mangelhaft

Defumado: AROMA *típico de alguns vinhos franceses feitos com uvas Sauvignon Blanc e de alguns tintos de Bordeaux.*

[INGL.] smoked
[ESP.] ahumado
[FR.] fumé
[IT.] affumicato
[AL.] geräuchert

Degola, *dégorgement*: *Operação utilizada na produção de* CHAMPANHE *após a* REMUAGE. *Consiste em congelar o* GARGALO *da garrafa em uma solução a -20°C para remover o* DEPÓSITO *acumulado no decorrer da* SEGUNDA FERMENTAÇÃO. *Quando a garrafa é aberta, a diferença entre a pressão interna e a externa*

– 66 –

D

faz com que a parte sólida seja expulsa.

[INGL.] disgorgement, disgorge
[ESP.] degüelle, degüello
[FR.] dégorgement
[IT.] sboccatura
[AL.] Degorgieren

Dégorgement: *Ver* DEGOLA.

Degustação às cegas: *Avaliação em que os vinhos são provados sem que se saiba sua identidade. A marca e a* SAFRA *não são revelados. É considerada pelos especialistas a maneira mais justa de avaliação, uma vez que somente as qualidades do vinho são levadas em conta, sem a interferência do prestígio e da tradição do nome que pode constar do* RÓTULO.

[INGL.] blind tasting, blind degustation
[ESP.] degustación a ciegas
[FR.] dégustation à l'aveugle
[IT.] degustazione alla cieca
[AL.] Blindprobe, Blindverkostung

Degustação de vinho: *Avaliação da qualidade de um vinho, por meio dos órgãos dos sentidos. Conhecida como* ANÁLISE SENSORIAL.

[INGL.] wine tasting
[ESP.] degustación de vinos, cata
[FR.] dégustation de vins
[IT.] degustazione di vini
[AL.] Weinprobe

Degustação horizontal: *Avaliação da qualidade de vinhos da mesma* SAFRA *e da mesma região, mas de produtores diferentes.*

[INGL.] horizontal tasting
[ESP.] degustación horizontal
[FR.] dégustation horizontale
[IT.] degustazione orizzontale
[AL.] horizontale Verkostung

Degustação vertical: *Avaliação da qualidade das diferentes safras de um mesmo vinho.*

[INGL.] vertical tasting
[ESP.] degustación vertical
[FR.] dégustation verticale
[IT.] degustazione verticale
[AL.] versikale Verkostung

Degustador: *Ver* PROVADOR.

Degustar: *Avaliar a qualidade de um vinho; provar.*

[INGL.] taste, to
[ESP.] degustar, catar
[FR.] déguster, siroter
[IT.] degustare
[AL.] probieren, kosten

D

Delicado: *Diz-se de um vinho* ELEGANTE, *sóbrio, de qualidade.*

[INGL.] delicate
[ESP.] delicado
[FR.] délicat, délié, fin
[IT.] delicato
[AL.] delikat, artig

Denominação, denominação controlada: *Aplica-se a vinhos de regiões e cepas determinadas, regidos por regulamentação específica, ditada por entidades oficiais de cada país, visando à produção de vinhos de qualidade.*

[INGL.] Appellation, Controlled Appellation
[ESP.] Denominación
[FR.] Appellation
[IT.] Denominazione
[AL.] Qualitätswein

Denominação controlada: *Ver* DENOMINAÇÃO.

Denominação de Origem Controlada (DOC): *Sistema de* CLASSIFICAÇÃO *usado pela maioria dos países (cada um tem seu próprio sistema), para proteger os vinhos de qualidade.*

[INGL.] American Viticultural Area (AVA)
[ESP.] Denominación de Origen (DO)
[FR.] Appellation d'Origine Contrôlée (AOC, AC)
[IT.] Denominazione di Origine Controllata (DOC)
[AL.] Qualitätswein bestimmter Anbaugebiete (QbA)

Densidade da plantação, densidade do vinhedo: *Número de videiras plantadas por* HECTARE.

[INGL.] density of planting, density of vine
[ESP.] densidad de plantación, densidad del viñedo
[FR.] densité de plantation, densité de la vigne
[IT.] densità d'impianto, densità delle viti
[AL.] Bepflanzungsdichte, Pflanzungsdichte

Densidade do mosto: *Medida da riqueza em* AÇÚCAR *contida em um* MOSTO *que permite determinar seu* TEOR ALCOÓLICO.

[INGL.] density of must
[ESP.] densidad del mosto
[FR.] densité des moûts
[IT.] densità di mosto
[AL.] Dichtigkeit des Mostes

D

Densidade do vinhedo: *Ver* DENSIDADE DA PLANTAÇÃO.

Densímetro: *Instrumento utilizado para medir a densidade do* MOSTO.

[INGL.] densimeter
[ESP.] densímetro
[FR.] densimètre
[IT.] densimetro
[AL.] Densimeter, Dichtmesser

Denso: *Vinho com bastante viscosidade.*

[INGL.] dense, steady
[ESP.] con mucha capa
[FR.] dense, soutenu
[IT.] denso
[AL.] kräftig

Depósito: *Ver* BORRA.

Desabrochar, brotação: *Momento do ciclo vegetativo, quando os botões se abrem.*

[INGL.] budbreak, budburst
[ESP.] desborre, brotación
[FR.] débourrement
[IT.] germogliamento
[AL.] Austrieb

Desacidificação: *Operação que consiste em reduzir a acidez do* MOSTO *ou dos vinhos por meio de processos físicos, químicos ou biológicos.*

[INGL.] de-acidification
[ESP.] desacidificación
[FR.] désacidification (d'un vin), déverdissage (d'un moût)
[IT.] disacidificazione
[AL.] Entsäuerung

Desavinho: *Acidente produzido por condições climáticas desfavoráveis na fase de crescimento da* COLHEITA, *que provoca má fecundação dos cachos, favorecendo um desenvolvimento desigual e/ou a queda de alguns bagos.*

[INGL.] coulure
[ESP.] corrimiento, coulure
[FR.] coulure
[IT.] colatura
[AL.] Verrieseln, Durchrieseln

Desbalanceado: *Ver* DESEQUILIBRADO.

Desbaste de baga: *Consiste na eliminação dos cachos menores e de má formação, com o auxílio de uma tesoura.*

[INGL.] berry thinning, bunch cutting
[ESP.] aclareo del racimo, cosecha verde

D

[FR.] ciselage, vendange verte
[IT.] diradamento
[AL.] Ausbeeren

Descarnado: *Ver* MAGRO.

Descoloração: *Operação que consiste em atenuar a intensidade da cor de um vinho, por meio da adição de diferentes substâncias.*

[INGL.] decolourization
[ESP.] decoloración
[FR.] décoloration
[IT.] decolorazione
[AL.] Entfärbung

Descruar: *Ver* ROÇAR.

Descuba, descubagem: *Consiste em separar o* BAGAÇO *do vinho. O vinho em sua totalidade, ou apenas parte dele, é transferido para outra* CUBA.

[INGL.] devatting
[ESP.] descube
[FR.] décuvage, décuvaison, écoulage
[IT.] svinatura
[AL.] Abstechen

Descubagem: *Ver* DESCUBA.

Desencorpado: *Aplica-se a um vinho* TINTO *que perdeu suas substâncias.*

[INGL.] thin, light-bodied
[ESP.] descarnado
[FR.] décharné
[IT.] spogliato
[AL.] mager

Desengaçadeira-esmagadora, esmagador-desengaçador: *Equipamento que tem um cilindro dentado. Ao girar, retira os bagos dos cachos, rompendo os grãos sem esmagar as sementes.*

[INGL.] crusher-destemmer
[ESP.] pisadora despalilladora
[FR.] fouloir-égrappoir
[IT.] pigiatrice-diraspatrice
[AL.] Traubenmühle mit Abbeervorrichtung

Desengaçador: *Equipamento usado para desengaçar as uvas, separando o* ENGAÇO *das bagas da uva.*

[INGL.] stemmer
[ESP.] despalilladora, derraspadora
[FR.] égrappoir, érafloir
[IT.] diraspatrice, raschiatrice
[AL.] Entrappungsmühle, Traubenabbeermaschine

Desengace: *Ver* DESENGAÇO.

Desengaço, desengace: *Consiste em separar as bagas da*

D

parte lenhosa do cacho para evitar que os óleos e as resinas nela contidos sejam agregados ao MOSTO, *o que provocaria* AMARGOR *ao vinho.*

[INGL.] destemming, stemming
[ESP.] despalillado, derrasponado
[FR.] égrappage, éraflage, foulage
[IT.] diraspatura
[AL.] Abbeeren

Desequilibrado, desbalanceado: *Vinho que peca pelo excesso de taninos,* ACIDEZ *ou* DOÇURA.

[INGL.] unbalanced
[ESP.] desequilibrado
[FR.] déséquilibré
[IT.] disarmonico, squilibrato
[AL.] unausgewogen

Desfarra: *Ver* DESFOLHAÇÃO.

Desferrização: *Correção que consiste na redução dos teores de ferro em um vinho, para prevenir turvações, por meio do emprego de* ÁCIDO CÍTRICO *ou de agentes clarificantes.*

[INGL.] removal of iron, deironing
[ESP.] desferrización
[FR.] déferrage, déferrisation
[IT.] deferizzacione
[AL.] Enteisenung

Desfolha: *Ver* DESFOLHAÇÃO.

Desfolhação, desfolha, desfarra: *Consiste na eliminação de folhas da videira, principalmente as situadas próximas aos cachos, para facilitar a frutificação.*

[INGL.] leaf thinning, leaf removal
[ESP.] deshoja, aclareo
[FR.] effeuillage
[IT.] sfogliatura
[AL.] Entblätterung

Dessarolhar: *Ver* DESROLHAR.

Desrolhar, dessarolhar: *Tirar a* ROLHA *de uma garrafa.*

[INGL.] uncork, to
[ESP.] descorchar
[FR.] déboucher
[IT.] stappare
[AL.] entkorken

Dessecação: *Desidratação das uvas provocada pela evaporação. Esse estado de* SOBREMATURAÇÃO *provoca aumento do* TEOR DE AÇÚCAR *da* UVA.

D

[INGL.] desiccation, drying out
[ESP.] desecación
[FR.] dessiccation
[IT.] essiccazione
[AL.] Eintrocknung

Dessulfurização: *Operação utilizada para reduzir a quantidade de* DIÓXIDO DE ENXOFRE *inicialmente adicionada ao* MOSTO *e ao vinho.*

[INGL.] desulphitin
[ESP.] desulfitación
[FR.] désulfitage, désulfitation
[IT.] desolfitazione
[AL.] Entschwefeln

Destartarização: *Ver* REMOÇÃO DO TÁRTARO.

Destilação: *Técnica que, em virtude dos diferentes pontos de ebulição –* AQUECIMENTO *e arrefecimento –, permite separar, em uma solução alcoólica, o* ÁLCOOL *dos demais componentes. Essa técnica aplicada ao vinho permite obter a* AGUARDENTE VÍNICA.

[INGL.] distillation
[ESP.] destilación
[FR.] distillation
[IT.] distillazione
[AL.] Destillation

Destilado: *Bebida resultante da* DESTILAÇÃO, *como as aguardentes e o* CONHAQUE.

[INGL.] distillate
[ESP.] destilado
[FR.] distillat
[IT.] distillato
[AL.] Destillat

Destilaria: *Estabelecimento onde se processa a* DESTILAÇÃO.

[INGL.] distillery
[ESP.] destilería
[FR.] distillerie
[IT.] distilleria
[AL.] Destillierkammer

Desvanecido: *Designa um vinho que perdeu a cor e parte do* BUQUÊ, *ou todo ele.*

[INGL.] stale
[ESP.] desvanecido
[FR.] éventé
[IT.] svanito
[AL.] schal

Diluído, batizado: *Diz-se do vinho que teve adição de* ÁGUA.

[INGL.] diluted, watered
[ESP.] diluido
[FR.] mouillé
[IT.] allungato
[AL.] überstreckt, gestreckt

D

Dionísio, Baco: *Filho de Zeus e de Sémele. É o deus da* VINHA *e do vinho.*

[INGL.] Dionysos, Bacchus
[ESP.] Dionisio, Baco
[FR.] Dionysos, Bacchus
[IT.] Dionisio, Bacco
[AL.] Dionysos, Bacchus

Dióxido de carbono, gás carbônico, anidrido carbônico: *Presente nos vinhos espumantes, é o responsável pela formação das borbulhas.*

[INGL.] carbon dioxide, carbonic anhydride
[ESP.] anhídrido carbónico
[FR.] dioxyde de carbone, gaz carbonique, anhydride carbonique
[IT.] anidride carbonica
[AL.] Kohlendioxid, Kohlensäure

Dióxido de enxofre: *Ver* ANIDRIDO SULFUROSO.

Discreto: *Vinho que oferece poucas sensações olfativas e gustativas.*

[INGL.] discreet, reticent
[ESP.] discreto
[FR.] discret
[IT.] sfuggente
[AL.] bescheiden, diskret

Distinto: *Denominação aplicada a um vinho com classe e elegância.*

[INGL.] distinguished
[ESP.] distinguido
[FR.] distingué
[IT.] distinto
[AL.] ausgezeichnet, vornehm

Doce: *Diz-se do vinho com elevado* TEOR DE AÇÚCAR.

[INGL.] sweet
[ESP.] dulce
[FR.] doux
[IT.] dolce
[AL.] süß

Doçura: *Sensação gustativa notada na ponta da língua. Proveniente de açúcares,* FRUTOSE, ÁLCOOL ETÍLICO *e* GLICERINA.

[INGL.] sweetness
[ESP.] dulzura
[FR.] douceur
[IT.] dolcezza
[AL.] Süße

Doença da garrafa: *Alteração passageira provocada por pequena quantidade de ar introduzida na garrafa, em virtude do* ENGARRAFAMENTO. *Recomenda-se deixar o vinho*

D

repousar de um a três meses antes de seu consumo.

[INGL.] bottle disease
[ESP.] enfermedad de la botella
[FR.] maladie de la bouteille
[IT.] malattia della bottiglia
[AL.] Flaschenkrankheit

Doença da gordura: *Trata-se de uma manifestação da* FERMENTAÇÃO MALOLÁCTICA, *a qual provoca aumento da viscosidade do vinho. Ocorre, sobretudo, em vinhos brancos com baixo* TEOR ALCOÓLICO *e* pH *elevado.*

[INGL.] graisse
[ESP.] enfermedad de la grasa, ahilamiento
[FR.] maladie de la graisse
[IT.] malattia dell grassume, filante
[AL.] Fettkrankheit

Doença do vinho, defeito do vinho: *Trata-se de doenças ou alterações originárias da planta ou de seu* CULTIVO, *que podem ser provocadas por fungos (*BOTRYTIS CINEREA, MÍLDIO, OÍDIO *etc.), por bactérias (*ACESCÊNCIA, AMARGOR, VOLTA *etc.), por causas químicas (*CASSE *férrica, casse cúprica, etc.) ou por insetos (*FILOXERA, *cochonilla etc.).*

[INGL.] wine disease
[ESP.] enfermedad del vino
[FR.] maladie du vin
[IT.] malattia del vino
[AL.] Weinkrankheit

Domaine: *Propriedade vitícola em francês.*

[INGL.] domaine (property or wine state)
[ESP.] domaine (propiedad vitivinícola)
[FR.] domaine
[IT.] domaine (fattoria vinicola)
[AL.] Domaine (Weingut)

Dosagem: *Operação que consiste em adicionar aos espumantes, após a* DEGOLA, *o* LICOR DE EXPEDIÇÃO, *uma mistura de vinho* VELHO *ou* CONHAQUE *e* AÇÚCAR.

[INGL.] dosage
[ESP.] dosificación
[FR.] dosage
[IT.] dosaggio
[AL.] Dosierung

Dourado, amarelo-ouro: *Tonalidade dos vinhos brancos que apresentam* EQUILÍBRIO *entre* ACIDEZ *e maciez.*

D

[INGL.] golden
[ESP.] dorado
[FR.] Doré, jaune d'or
[IT.] dorato
[AL.] goldgelb

Drenagem, esgotamento: *Operação que consiste em separar o* MOSTO *liberado pelo* ESMAGAMENTO *das uvas antes da* PRENSAGEM. *É realizada na* VINIFICAÇÃO EM BRANCO, *em um equipamento denominado* DRENO *ou* ESGOTADOR.

[INGL.] draining
[ESP.] escurrido
[FR.] égouttage
[IT.] sgrondatura, sgocciolatura
[AL.] Entsaften

Dreno, esgotador: *Equipamento em que ocorre a separação do* MOSTO *das partes sólidas – cascas e sementes.*

[INGL.] drainer
[ESP.] drenador, colador, escurridor
[FR.] égouttoir
[IT.] sgocciolatoio, sgrondatore
[AL.] Vorentsafter

Duro: *Diz-se do vinho muito* ADSTRINGENTE *e* TÂNICO.

[INGL.] hard, harsh, tough
[ESP.] duro
[FR.] dur
[IT.] duro
[AL.] hart

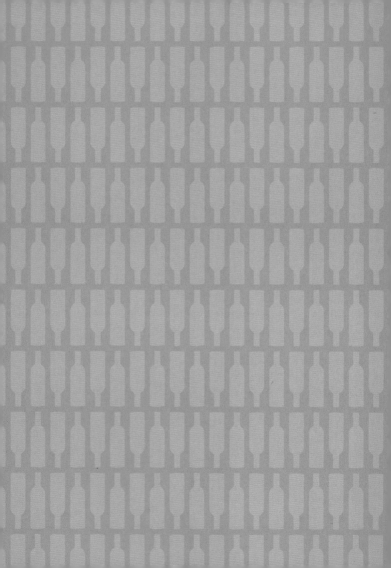

E

Edulcoração: *Ver* ADOÇAMENTO.

Efervescência: *Diz respeito aos champanhes e aos espumantes. É definida pela qualidade das borbulhas – quanto menores, maior a qualidade da* ESPUMA.

[INGL.] fizziness
[ESP.] efervescencia
[FR.] effervescence
[IT.] effervescenza
[AL.] Schäumen

Efervescente: *Diz-se de um vinho que desprende* GÁS CARBÔNICO *em forma de pequenas bolhas.*

[INGL.] effervescent, gassy
[ESP.] efervescente
[FR.] effervescent, gazeux
[IT.] effervescente
[AL.] spitzig, sprudelnd

Eiswein: *Termo da legislação alemã para o vinho* BRANCO, DOCE, *da categoria Qualitatswein mit Pradikat (QmP), com alta concentração de* AÇÚCAR *e de* ACIDEZ, *elaborado com uvas colhidas e prensadas ainda congeladas.*

[INGL.] Eiswein (U.S.), icewine (CA.)
[ESP.] Eiswein, vino de hielo
[FR.] vin de glace, Eiswein

E

[IT.] Eiswein, vino de ghiaccio
[AL.] Eiswein

Elaborado: *Ver* ESTRUTURADO.

Elegante: *Vinho de classe,* FINO, *bem balanceado.*

[INGL.] elegant
[ESP.] elegante
[FR.] élégant
[IT.] elegante
[AL.] elegant

Empireumático: *Diz-se do* ODOR *quente, queimado ou muito tostado que alguns vinhos apresentam, o qual lembra aromas como café, caramelo, chocolate e baunilha.*

[INGL.] empyreumatic
[ESP.] empireumático
[FR.] empyreumatique
[IT.] empireumatico
[AL.] empyreumatisch

Encepamento: *Conjunto das castas que compõem um* VINHEDO.

[INGL.] encepagement, grape varieties
[ESP.] encepamiento
[FR.] encépagement
[IT.] sortimento, vitigno
[AL.] Sortenbestand

Encorpado: *Diz-se de um vinho* POTENTE, *com* CONSISTÊNCIA, RICO.

[INGL.] full-bodied, full in the mouth, rich
[ESP.] amplio, llheno, rico
[FR.] bien en chair, plein, charnu, riche
[IT.] corposo, pieno, ampio
[AL.] körperreich, füllig, voll

Engaço: *Parte lenhosa da* UVA *que dá sustentação aos bagos. Contém grande quantidade de água e taninos que lhe conferem um gosto* ADSTRINGENTE *e* ÁSPERO.

[INGL.] stalk, bunchstem
[ESP.] raspones, engazo, escoyo, escobajo
[FR.] rafle, râpe
[IT.] gambo, raspo
[AL.] Traubenkamm, Rappe

Engarrafado na origem: *Vinho* ENGARRAFADO *na mesma região em que foi produzido.*

[INGL.] bottled in the producing area
[ESP.] embotellado en el origen
[FR.] mis en bouteille dans la région d'origine
[IT.] imbottigliato all'origine
[AL.] Erzeugerabfüllung

E

Engarrafado na propriedade, engarrafado pelo produtor: *Vinho engarrafado na mesma propriedade em que foi produzido.*

[INGL.] estate bottled
[ESP.] embotellado en la propiedad
[FR.] mis en bouteille au château (Bordeaux), mise du château (MDC), mis en bouteille à la propriété
[IT.] imbottigliato dal produttore, infiascato in fattoria
[AL.] Originalabfüllung

Engarrafado pelo produtor: *Ver* ENGARRAFADO NA PROPRIEDADE.

Engarrafamento: *Operação que consiste no uso de máquinas especiais para guardar o vinho em garrafa, as quais impedem o contato com o ar, evitando, assim, oxidação e contaminação.*

[INGL.] bottling
[ESP.] embotellamiento
[FR.] embouteillage
[IT.] imbottigliamento
[AL.] Flaschenabfüllung

Engarrafar: *Pôr em garrafa.*

[INGL.] bottle, to
[ESP.] embotellar
[FR.] embouteiller
[IT.] imbottigliare
[AL.] abfüllen

Engordurado: *Vinho afetado pela* DOENÇA DA GORDURA.

[INGL.] oily
[ESP.] ahilado
[FR.] filant
[IT.] filante
[AL.] zähflüssig

Enófilo: *Do grego, eno, vinho; filo, amigo. Significa apreciador e conhecedor de vinhos.*

[INGL.] oenophilist, oenophile, winelover
[ESP.] enófilo
[FR.] oenophile, amateur de vin
[IT.] enofilo
[AL.] Oenophil

Enogastronomia: *Arte de harmonizar vinhos e alimentos em uma mesma refeição.*

[INGL.] oenogastronomy
[ESP.] enogastronomía
[FR.] oenogastronomie
[IT.] enogastronomia
[AL.] Önogastronomie

Enologia: *Ciência que estuda o vinho, desde a plantação de vinhas até a produção – ela-*

E

boração, ENGARRAFAMENTO, ROTULAGEM *etc.*

[INGL.] oenology, enology
[ESP.] enología
[FR.] oenologie
[IT.] enologia
[AL.] Önologie, Weinkunde

Enólogo: *Do grego, eno, vinho; logo, conhecimento. Denomina o indivíduo que tem formação e profundos conhecimentos de* ENOLOGIA. *É responsável pela produção e por todos os aspectos relacionados com o produto final.*

[INGL.] oenologist, enologist
[ESP.] enólogo
[FR.] oenologue
[IT.] enologo
[AL.] Önologe

Enoteca: *Termo italiano para bar ou loja de vinhos de qualidade.*

[INGL.] wine collection, enoteca
[ESP.] enoteca, vinoteca
[FR.] oenothèque, vinothèque
[IT.] enoteca, vinoteca
[AL.] Oenothek, Vinothek

Enriquecimento: CORREÇÃO DO MOSTO *pela adição de* AÇÚCAR *ou de mostos concentrados, para aumentar seu* TEOR ALCOÓLICO.

[INGL.] enrichment, sugaring
[ESP.] enriquecimiento
[FR.] enrichissement
[IT.] arricchimento
[AL.] Anreicherung

Envelhecimento: *Processo elaborado em tanques de inox ou concreto, caso dos vinhos brancos, rosados e tintos de menor qualidade, em barricas, preferencialmente de* CARVALHO, *e nas garrafas, apenas para os tintos. Nessa etapa, o vinho muda de cor, perde taninos e* ACIDEZ, *tornando-se mais* MACIO, *e adquire seu* BUQUÊ. *O mesmo que* AMADURECIMENTO. *O termo envelhecimento também designa o processo de "decadência" de um vinho.*

[INGL.] aging, ageing
[ESP.] envejecimiento, anejamiento
[FR.] vieillissement
[IT.] invecchiamento
[AL.] Alterung

Envelhecimento em barril: *Durante esse processo, o vinho sofre uma lenta e suave* OXIDAÇÃO *causada pelo oxigênio*

E

do ar que entra através dos poros da madeira e das juntas das aduelas. Esse processo é essencial para o desenvolvimento de todas as suas características organolépticas.

[INGL.] cask aging
[ESP.] envejecimiento en barril
[FR.] vieillissement en fût
[IT.] invecchiamento in fusti
[AL.] Fassreifung

Envelhecimento em garrafa: *Segunda fase do* ENVELHECIMENTO. *É quando o vinho descansa na ausência total do oxigênio do ar. É também chamada de fase redutiva.*

[INGL.] bottle aging
[ESP.] envejecimiento en botella
[FR.] vieillissement en bouteille
[IT.] invecchiamento in bottiglia
[AL.] Flaschenreifung

Enxertia: *Consiste em unir duas videiras distintas ao soldar fisiologicamente as raízes de uma videira – o* PORTA-ENXERTO *– à parte na área de outra videira – o garfo.*

[INGL.] grafting, graftage
[ESP.] injerto, injertado
[FR.] greffe, greffage
[IT.] innesto
[AL.] Veredlung, Propfen

Enzima: *Proteína com propriedades catalíticas específicas.*

[INGL.] enzyme
[ESP.] enzima
[FR.] enzyme
[IT.] enzima
[AL.] Enzym

Equilibrado, balanceado: *Vinho com* TEOR ALCOÓLICO, *taninos e* ACIDEZ *em* EQUILÍBRIO.

[INGL.] (well) balanced
[ESP.] equilibrado
[FR.] équilibré
[IT.] equilibrato
[AL.] ausgeglichen

Equilíbrio: *Relação harmoniosa entre a* ACIDEZ, *o* ÁLCOOL *e o* TANINO. *Nenhum deles é dominante.*

[INGL.] balance
[ESP.] equilibrio
[FR.] équilibre
[IT.] equilbrio
[AL.] Ausgewogenheit

Escolha: *Seleção das uvas colhidas.*

[INGL.] selection of berries
[ESP.] escogido

– 81 –

E

[FR.] triage
[IT.] scelta
[AL.] Tischauslese

Escuro: *Diz respeito à intensidade da cor. Quanto mais* ESCURO *o vinho, mais* ENCORPADO.

[INGL.] dark
[ESP.] oscuro
[FR.] foncé
[IT.] escuro
[AL.] dunkel

Esgotador: *Ver* DRENO.

Esgotamento: *Ver* DRENAGEM.

Esmagador-desengaçador: *Ver* DESENGAÇADEIRA-ESMAGADORA.

Esmagamento: *Operação que consiste em efetuar uma leve pressão para romper a* PELÍCULA *das bagas e liberar o* MOSTO.

[INGL.] crushing, treading
[ESP.] pisado, estrujado
[FR.] foulage
[IT.] pigiatura
[AL.] Einmaischen, Mahlen der Trauben

Espaldeira: *Sistema de condução da* VINHA. *Os galhos são atados horizontalmente aos fios do sistema de sustentação do* VINHEDO, *proporcionando um ambiente seco, ensolarado e ventilado.*

[INGL.] espalier
[ESP.] espaldera
[FR.] espalier
[IT.] spalliera
[AL.] Spalier

Espesso: *Vinho* CHEIO *e* ENCORPADO.

[INGL.] thick
[ESP.] espeso
[FR.] épais
[IT.] speso
[AL.] plump

Espírito: *Bebida elaborada com base na segunda* DESTILAÇÃO *de uma* AGUARDENTE, *de um* BRANDY *etc.*

[INGL.] spirit
[ESP.] espíritu
[FR.] esprit
[IT.] spirito
[AL.] Sprit

Espuma: *Bolhas finas de* GÁS CARBÔNICO *que se libertam nos espumantes naturais; bolhas de gás que se formam na superfície dos vinhos durante a* FERMENTAÇÃO ALCOÓLICA, *em virtude do desprendimento de* GÁS CARBÔNICO.

E

[INGL.] foam
[ESP.] espuma
[FR.] mousse
[IT.] spuma
[AL.] Schaum

Espumante: *Vinho com boa quantidade de* GÁS CARBÔNICO *cujo processo de elaboração consiste na obtenção de um* VINHO-BASE *e na* SEGUNDA FERMENTAÇÃO *alcoólica. Essa* FERMENTAÇÃO *pode ser feita em autoclaves* – MÉTODO CHARMAT – *ou na própria garrafa* – MÉTODO CHAMPENOISE.

[INGL.] sparkling, gassy
[ESP.] espumoso, espumante
[FR.] mousseux
[IT.] spumante
[AL.] Sekt, Schaumwein

Estabilização: *Série de tratamentos que o vinho recebe antes de ser engarrafado, a fim de permitir sua evolução e conservação.*

[INGL.] stabilization
[ESP.] estabilización
[FR.] stabilisation
[IT.] stabilizzazione
[AL.] Stabilisierung

Estante: *Ver* PUPITRE.

Éster: *Substância que resulta da combinação de álcoois e ácidos. Colabora na formação do* BUQUÊ.

[INGL.] ester
[ESP.] éster
[FR.] ester
[IT.] estere
[AL.] Ester

Esterilização do mosto: *Operação para eliminar os microrganismos que podem causar alterações microbianas no vinho.*

[INGL.] sterilization of must
[ESP.] esterilización del mosto
[FR.] stérilisation du moût
[IT.] sterilizzazione del mosto
[AL.] Mostentkeimung

Estrutura: *Diz respeito à constituição de um vinho.*

[INGL.] structure
[ESP.] estructura
[FR.] charpente, structure
[IT.] struttura
[AL.] Struktur

Estruturado, elaborado: *Aplica-se a um vinho rico em sabor,* ÁLCOOL *e extrato, e bem* EQUILIBRADO.

[INGL.] structured
[ESP.] estructurado

E

[FR.] charpenté
[IT.] strutturato, solido
[AL.] ausgeglichen

Etanol: *Ver* ÁLCOOL ETÍLICO.

Europeia: *Ver* VITIS VINIFERA.

Extrato seco: *Soma de todos os elementos que permanecem no vinho após a evaporação da* ÁGUA, *do* ÁLCOOL *e das substâncias voláteis.*

[INGL.] dry extract
[ESP.] extracto seco
[FR.] extrait sec
[IT.] estratto secco
[AL.] Gesamtextrakt

Fatigado: *Ver* CANSADO.

Fechado: *Vinho* JOVEM, *com potencial, cujo sabor e aroma ainda estão abafados.*

[INGL.] closed
[ESP.] cerrado
[FR.] fermé
[IT.] immaturo
[AL.] geschlossen

Feminino: *Designa um vinho* SUAVE, DELICADO *e* LEVE.

[INGL.] feminine
[ESP.] femenino
[FR.] féminin
[IT.] femminile
[AL.] feminin

Fermentação: *Processo que transforma açúcar em* ÁLCOOL ETÍLICO.

[INGL.] fermentation
[ESP.] fermentación
[FR.] fermentation
[IT.] fermentazione
[AL.] Gärung

Fermentação alcoólica: *Transformação dos açúcares contidos no* MOSTO *em* ÁLCOOL *e em* GÁS CARBÔNICO, *por ação das leveduras.*

[INGL.] alcoholic fermentation
[ESP.] fermentación alcohólica

F

[FR.] fermentation alcoolique
[IT.] fermentazione alcoolica
[AL.] alkoholische Gärung

Fermentação maloláctica: FERMENTAÇÃO *que se segue à* FERMENTAÇÃO ALCOÓLICA, *provocada por bactérias lácticas que transformam o* ÁCIDO MÁLICO *em* ÁCIDO LÁCTICO *e em* GÁS CARBÔNICO, *diminuindo, assim, a* ACIDEZ *do vinho.*

[INGL.] malolactic fermentation
[ESP.] fermentación maloláctica
[FR.] fermentation malolactique, malo
[IT.] fermentazione malolattica
[AL.] Milchsäuregärung

Fermentação manítica: *Doença do vinho provocada por bactérias lácticas que transformam os açúcares residuais em manite, resultando em um gosto ao mesmo tempo acre – por causa dos ácidos – e doce – em razão da manite.*

[INGL.] mannitic fermentation
[ESP.] fermentación manítica

[FR.] fermentation mannitique
[IT.] fermentazione mannitica
[AL.] Mannitgärung

Fermentação tumultuosa: *Primeira etapa da* FERMENTAÇÃO ALCOÓLICA. *Manifesta-se pela rápida elevação de temperatura e por um forte desprendimento de* GÁS CARBÔNICO.

[INGL.] tumultuous fermentation
[ESP.] fermentación tumultuosa
[FR.] fermentation tumultueuse
[IT.] fermentazione tumultuosa
[AL.] stürmische Gärung

Filoxera: *Doença que atacou os vinhedos da Europa entre 1860 e 1880, provocada pelo pulgão norte-americano* Phyllosera vastatrix.

[INGL.] phylloxera
[ESP.] filoxera
[FR.] phylloxera
[IT.] fillossera
[AL.] Reblaus, Blattreblaus

Filtração: *Técnica de* CLARIFICAÇÃO *que consiste em passar*

F

o vinho por uma camada de matéria porosa para reter as partículas em suspensão, deixando fluir apenas o líquido.

[INGL.] filtration
[ESP.] filtración
[FR.] filtration
[IT.] filtrazione
[AL.] Filtrieren

Filtrar: *Clarificar um vinho para assegurar-lhe boa* LIMPIDEZ.

[INGL.] filter, to
[ESP.] filtrar
[FR.] filtrer
[IT.] filtrare
[AL.] filtrieren

Filtro: *Aparelho utilizado na* FILTRAÇÃO; *pode ser de amianto, de algodão, de lona, de argila etc.*

[INGL.] filter bag
[ESP.] filtro bolsa
[FR.] manche, chausse
[IT.] sacco da filtro
[AL.] Filtersack

Fim de boca: *Conjunto das sensações que o vinho deixa na boca depois de ter sido bebido ou provado.*

[INGL.] aftertaste
[ESP.] final de boca
[FR.] fin de bouche
[IT.] fin di bocca
[AL.] Abgang

Fineza: *Qualidade de um vinho* DELICADO *e* ELEGANTE.

[INGL.] finesse, smoothness
[ESP.] finura
[FR.] finesse
[IT.] finezza
[AL.] Feinheit

Fino: *Diz-se de um* VINHO DE QUALIDADE. *No Brasil, designa um vinho elaborado só com uvas* VITIS VINIFERA.

[INGL.] fine
[ESP.] fino
[FR.] fin
[IT.] fine
[AL.] fein

Firme, sólido: *Vinho* JOVEM, ENCORPADO.

[INGL.] firm, solid
[ESP.] sólido
[FR.] ferme, solide
[IT.] solido
[AL.] solide

Flauta, flute: TAÇA *ideal para espumantes porque sua forma estreita e comprida favorece a liberação e a conservação das borbulhas típicas desse vinho.*

F

[INGL.] flûte
[ESP.] flauta
[FR.] flûte
[IT.] flûte
[AL.] Sektschale

Flor: *Microrganismo aeróbico que forma uma* PELÍCULA *branca, com aparência e formato de flores, na superfície de alguns vinhos andaluzes, como o Xerez, e de certos vinhos da região de Rueda e do Jura, na França.*

[INGL.] flower, flor
[ESP.] flor
[FR.] fleur, flor
[IT.] fioretta, flor
[AL.] Flor, Blume

Floração: *Momento do ciclo vegetativo da videira, durante a primavera, em que as flores se abrem.*

[INGL.] blooming, flowering
[ESP.] floración, cierna
[FR.] floraison
[IT.] fioritura, fiorescenza
[AL.] Blüte, Blühen, Rebstockblüte

Floral: *Vinho com* AROMA *de flores, como violeta, jasmim, flor de laranjeira, rosa etc.*

[INGL.] floral
[ESP.] floral
[FR.] florale
[IT.] floreale
[AL.] blume

Fluido: *Diz-se do vinho com carência de* CORPO *e de taninos; com pouca viscosidade.*

[INGL.] fluid
[ESP.] fluido
[FR.] fluide
[IT.] fluido
[AL.] flüssig

Flute: *Ver* FLAUTA.

Folha: *Parte fundamental da videira que auxilia na identificação das castas.*

[INGL.] leaf
[ESP.] hoja
[FR.] feuille
[IT.] foglia
[AL.] Blätt

Folhagem: *Conjunto de folhas da* VINHA.

[INGL.] foliage, leafage
[ESP.] follaje
[FR.] feuillage, frondaison
[IT.] fogliame
[AL.] Blattwerk, Laubwerk

Fortificação: *Operação que consiste em adicionar* ÁLCOOL *a um* MOSTO *ou a um vinho para impedir ou interromper*

F

a FERMENTAÇÃO ALCOÓLICA *e aumentar o* TEOR ALCOÓLICO.

[INGL.] fortification
[ESP.] alcoholización
[FR.] vinage
[IT.] correzione
[AL.] Aufspritzen, Alkoholzusatz

Fortificado, vinho doce natural: *Vinho que teve seu* TEOR ALCOÓLICO *aumentado pela adição de* AGUARDENTE VÍNICA. *Porto, Xerez e Madeira são bons exemplos.*

[INGL.] fortified, reinforced, natural sweet wine
[ESP.] fortificado, alcoholizado, encabezado, vino dulce natural
[FR.] fortifié, renforcé, viné, vin doux naturel (VDN)
[IT.] fortificato, alcoolizzato, rinforzato, vino dolce naturale
[AL.] alkoholisiert, natürlich sußer Wein

Foxado: *Aroma típico de vinhos elaborados com uvas americanas, como as da espécie* Vitis labrusca. *Lembra o cheiro de animais de pelo, como a raposa.*

[INGL.] foxy, foxy note, foxy taste
[ESP.] aroma de raposa, vulpino, de zorro
[FR.] foxé, goût de renard
[IT.] foxy, volpino
[AL.] Foxgeschmack

Fraco: *Vinho com baixa graduação alcoólica.*

[INGL.] weak
[ESP.] débil
[FR.] faible, pauvre
[IT.] debole, fiacco
[AL.] schwach

Framboesa: AROMA *típico de vinhos superiores da região de Bordeaux e do Rhône.*

[INGL.] raspberry
[ESP.] frambuesa
[FR.] framboise
[IT.] lampone
[AL.] Himbeere

Franco: *Diz-se do vinho de sabor* LIMPO, *de cor,* BUQUÊ *e gosto normais.*

[INGL.] frank
[ESP.] franco
[FR.] franc (de goût)
[IT.] franco
[AL.] reintönig

Fresco: *Vinho com frescor e boa* ACIDEZ.

[INGL.] fresh
[ESP.] fresco
[FR.] frais

F

[IT.] fresco
[AL.] frisch

Frutado: *Diz-se do vinho com* AROMA *de frutas, como framboesa, amora, maçã, cassis etc. Típico de vinhos jovens.*

[INGL.] fruity
[ESP.] frutado
[FR.] fruité
[IT.] fruttato
[AL.] fruchtig

Frutose, levulose: *É o* AÇÚCAR *das frutas.*

[INGL.] fructose, levulose
[ESP.] fructosa, levulosa
[FR.] fructose, lévulose
[IT.] fruttosio, levulosio
[AL.] Fruktose, Lävulose

Fumigação: *Operação de esterilização dos barris que consiste em fazer queimar uma mecha de enxofre para eliminar bactérias e leveduras.*

[INGL.] fumigation
[ESP.] fumigación, azufrado
[FR.] fumigation
[IT.] affumicatura
[AL.] Fumigation

Fundo de garrafa: *Parte inferior da garrafa.*

[INGL.] bottom of the bottle
[ESP.] fondo de la botella
[FR.] cul, culot, fond de bouteille
[IT.] fondo della bottiglia
[AL.] Boden der Flasche

Gaiola de arame: *Ver* GAIOLA METÁLICA.

Gaiola metálica, gaiola de arame: *Estrutura para prender a* ROLHA *nas garrafas de espumantes.*

[INGL.] muselet, wire cap, muzzle, wire cage
[ESP.] bozal, morrión, alambre
[FR.] muselet
[IT.] gabbietta, filo di ferro
[AL.] Drahtkorb, Bügelverschluss

Gargalo: *Parte superior e cilíndrica da garrafa.*

[INGL.] (bottle) neck
[ESP.] cuello, gollete
[FR.] col, collet, cou
[IT.] collo
[AL.] Hals, Flaschenhals

Garrafa bordalesa: *Ver* GARRAFA BORDEAUX.

Garrafa *bordeaux*, garrafa bordalesa: *Tem as laterais altas, com ombros acentuados que auxiliam a retenção dos resíduos e da* BORRA *do vinho no momento do serviço.*

[INGL.] Bordeaux bottle
[ESP.] botella tipo burdeos
[FR.] bouteille de bordeaux, bordelaise

G

[IT.] bottiglia bordolese
[AL.] Bordeauxflasche

Garrafa borgonhesa: *Tem ombros mais suaves e longos. Algumas garrafas têm o repuxo.*

[INGL.] Burgundy bottle
[ESP.] Botella tipo borgoña
[FR.] bouteille de bourgogne, bourguignonne
[IT.] bottiglia borgognona
[AL.] Burgunderflasche

Garrafa de champanhe, champanheira: *Elaborada com vidro mais grosso, tem longo pescoço e o repuxo é bem acentuado na base para resistir à pressão interna. O tamanho-padrão é 750ml. Em tamanhos maiores, sempre múltiplos de 750ml, recebem nome de reis bíblicos, como* BALTAZAR, JEROBOÃO, MATUSALÉM *e* NABUCODONOSOR.

[INGL.] champagne bottle
[ESP.] botella de champán
[FR.] bouteille de champagne, champenoise
[IT.] bottiglia da champagne, champagnotta
[AL.] Schaumweinflasche

Garrafa de vinho: *Recipiente de vidro composto de quatro partes: pescoço (parte acima do ombro), ombro (local em que a garrafa começa a estreitar), corpo (parte central) e repuxo (reentrância na base da garrafa, com tamanho-padrão de 750ml). Há alguns formatos clássicos, como* bordeaux, *borgonha, reno e champanhe.*

[INGL.] bottle of wine
[ESP.] botella de vino
[FR.] bouteille de vin
[IT.] bottiglia di vino
[AL.] Weinflasche

Garrafa de vinho branco: *Ver* GARRAFA DE VINHO. *Geralmente esverdeada.*

[INGL.] bottle of white wine
[ESP.] botella de vino blanco
[FR.] bouteille de vin blanc
[IT.] bottiglia di vino bianco
[AL.] Flasche Weißwein

Garrafa de vinho tinto: *Ver* GARRAFA DE VINHO. *Geralmente escura.*

[INGL.] bottle of red wine
[ESP.] botella de vino tinto
[FR.] bouteille de vin rouge
[IT.] bottiglia di vino rosso
[AL.] Flasche Rotwein

Garrafa tipo alemã, renana, reno: *Utilizada para vinhos*

G

da região do Vale do Reno, tem o pescoço bem longo.

[INGL.] German-type bottle
[ESP.] botella tipo reno
[FR.] bouteille du rhin
[IT.] bottiglia renana
[AL.] Schlegelflasche

Gás carbônico: *Ver* DIÓXIDO DE CARBONO.

Gaseificado: *Vinho* ESPUMANTE *de menor qualidade.*

[INGL.] carbonated, fizzy, gassy
[ESP.] gasificado, espumoso
[FR.] gazéifié
[IT.] gassato, effervescente
[AL.] kohlensäurehaltig

Gavinha, gravinha: *Pequeno ramo que serve como elemento de fixação das plantas, e que auxilia na identificação das castas.*

[INGL.] tendril
[ESP.] cirro
[FR.] vrille
[IT.] cirro, viticcio
[AL.] Ranke

Gelatina: *Produto de origem animal usado para clarificar vinhos.*

[INGL.] gelatin
[ESP.] gelatina
[FR.] gélatine
[IT.] gelatina
[AL.] Gelatine, Gallert

Generoso: *Termo utilizado para descrever um vinho com alto* TEOR ALCOÓLICO, ROBUSTO *e com boa* ESTRUTURA. *Os mais conhecidos são os das regiões demarcadas do Douro, Carcavelos, Moscatel de Setúbal e Madeira, em Portugal.*

[INGL.] generous, opulent, full
[ESP.] generoso, opulento
[FR.] généreux, opulent
[IT.] generoso, opulento
[AL.] generös, edel

Girador de garrafa: *Aparelho utilizado para a* REMUAGEM *automática das garrafas de* ESPUMANTE *e de* CHAMPANHE.

[INGL.] gyropalette
[ESP.] girasol
[FR.] gyropalette, remueuse de bouteilles
[IT.] gyropallet
[AL.] Gyropallete

Glicerina: *Substância orgânica, líquida e viscosa, que tem gosto ligeiramente doce. Confere ao vinho maciez e untuosidade.*

[INGL.] glycerine, glycerol
[ESP.] glicerina

G

[FR.] glycérine, glycérol
[IT.] glicerina
[AL.] Glyzerin

Glicose, glucose: ACÚCAR redutor presente no MOSTO da UVA, que se transforma em ÁLCOOL por ação das leveduras.

[INGL.] glucose, grape sugar
[ESP.] glucosa
[FR.] glucose
[IT.] glucosio
[AL.] Glukose, Traubenzucker

Glucose: Ver GLICOSE.

Gordo: Vinho de forte ESTRUTURA, CARNOSO, rico em ÁLCOOL e GLICERINA.

[INGL.] full
[ESP.] graso
[FR.] gras
[IT.] grasso
[AL.] wuchtig, mächtig

Gosto de mofo: Grave defeito transmitido ao vinho por tonéis mal higienizados ou pela ROLHA, ambos atacados pelo MOFO.

[INGL.] mouldy taste
[ESP.] gusto a moho
[FR.] goût de moisi
[IT.] gusto di muffa
[AL.] Schimmelgeschmack

Gouleyant: *Termo francês que designa um vinho* AGRADÁVEL, LEVE, *fácil de beber.*

[INGL.] fresh, pleasant, easy to drink
[ESP.] fresco, agradable, fácil de beber
[FR.] gouleyant
[IT.] fresco, che scivola facilmente e gradevolmente in gola
[AL.] süffig

Grande: Diz-se de um vinho de qualidades extraordinárias.

[INGL.] great
[ESP.] grande
[FR.] grand
[IT.] grande
[AL.] groß

Grau Babo: *Medida que indica o* TEOR DE AÇÚCAR *no* MOSTO, *obtida por um* DENSÍMETRO. *É muito utilizada no Brasil.*

[INGL.] Babo degree
[ESP.] grado Babo
[FR.] degré Babo
[IT.] grado Babo
[AL.] KMW Grad

G

Grau Balling: *Ver* GRAU BRIX.

Grau Baumé: *Medida que indica a densidade do* AÇÚCAR, *e o* TEOR ALCOÓLICO *no vinho.*

[INGL.] Baumé degree
[ESP.] grado Baumé
[FR.] degré Baumé
[IT.] grado Baumé
[AL.] Baumé-Grad

Grau Brix, grau Balling: *Medida e escala de concentração de açúcar: 1,8 grau Brix corresponde a 1* GRAU BAUMÉ.

[INGL.] Brix degree, Balling degree
[ESP.] grado Brix, grado Balling
[FR.] degré Brix, degré Balling
[IT.] grado Brix, grado Balling
[AL.] Brix-Grad, Balling-Grad

Gravinha: *Ver* GAVINHA.

Grosseiro: *Vinho sem qualidade.*

[INGL.] coarse
[ESP.] grosero, tosco
[FR.] grossier
[IT.] grossolano
[AL.] plump

H

Harmônico: *Aplica-se a um vinho quando seus componentes organolépticos estão em perfeita harmonia.*

[INGL.] harmonious
[ESP.] armonioso
[FR.] harmonieux
[IT.] armonico
[AL.] harmonisch

Hectare: *Unidade de medida agrária equivalente a 10.000m², ou 100 ares, cujo símbolo é ha.*

[INGL.] hectare
[ESP.] hectárea
[FR.] hectare
[IT.] ettaro
[AL.] Hektar

Hectolitro: *Unidade de medida equivalente a 100l, cujo símbolo é hl.*

[INGL.] hectoliter
[ESP.] hectolitro
[FR.] hectolitre
[IT.] ettolitro
[AL.] Hektoliter

Herbáceo: *Designa um vinho com aroma de grama cortada ou de folhas verdes.*

[INGL.] herbaceous, grassy, leafy

H

[ESP.] herbáceo
[FR.] herbacé
[IT.] erbaceo
[AL.] grasig

Híbrido: *Variedade de videira obtida pelo cruzamento de duas espécies. Por exemplo,* VITIS VINIFERA *e* Vitis labrusca.

[INGL.] hybrid
[ESP.] híbrido
[FR.] hybride
[IT.] ibrido
[AL.] Hybride

Honesto: *Nomeia um vinho com custo–benefício equilibrado.*

[INGL.] decent
[ESP.] honesto
[FR.] franc, honnête
[IT.] franco, onesto
[AL.] ehrlich, reintönig

Ictiocola: *Ver* COLA DE PEIXE.

Imperial: *Tipo de garrafa que armazena 6l, o equivalente a oito garrafas* bordeaux.

[INGL.] Imperiale (U.S.)/ Rehoboam (U.K.)
[ESP.] Imperial
[FR.] Impériale, Mathusalem (Borgonha)
[IT.] Impériale
[AL.] Imperiale

Insípido: *Vinho sem sabor e sem gosto.*

[INGL.] insipid
[ESP.] insípido
[FR.] plat
[IT.] piatto, insipido
[AL.] blind

I

Intenso: *Termo usado para qualificar a cor do vinho.*

[INGL.] intense
[ESP.] intenso
[FR.] intense
[IT.] intenso
[AL.] tief

Interrupção da fermentação: *Técnica utilizada na elaboração de vinhos doces naturais, licorosos ou de sobremesa, para que haja* EQUILÍBRIO *entre o* ÁLCOOL *e o* AÇÚCAR RESIDUAL. *A interrupção ocorre pela adição de* AGUARDENTE VÍNICA *ao* MOSTO.

[INGL.] arrest of fermentation
[ESP.] interrupción de la fermentación
[FR.] arrêt de la fermentation
[IT.] arresto della fermentazione
[AL.] Gärstop, Versieden

Jeroboão: *Tipo de garrafa que armazena 4,5l, o equivalente a quatro garrafas de champanhe ou borgonhesa, ou a seis garrafas bordeaux.*

[INGL.] Jeroboam
[ESP.] Jeroboam
[FR.] Jéroboam
[IT.] Jéroboam
[AL.] Doppelmagnum

Jovem, novo: *Vinho de fabricação recente, que deve ser bebido logo após o* ENGARRAFAMENTO, *quando apresenta suas melhores qualidades.*

[INGL.] young, new
[ESP.] joven
[FR.] jeune
[IT.] giovane
[AL.] jung, neu

Lágrima, perna, arquete: *Pequeno arco de líquido que escorre pelas paredes do copo de vinho. Lágrimas abundantes que descem lentamente indicam um vinho* ENCORPADO *e com alto* TEOR ALCOÓLICO.

[INGL.] tears, legs, arcades
[ESP.] lágrimas, piernas, lloro
[FR.] jambes, larmes, pleurs
[IT.] lacrime, archetti, pianto
[AL.] Träne, Kirchenfenster, Tropfen

Latada, pérgula: *Sistema de condução da* VINHA *em que as videiras são plantadas relativamente distantes umas das outras e crescem sobre um único tronco com 1m ou 2m de altura, proporcionando um ambiente úmido, sombreado e pouco ventilado.*

[INGL.] pergola, trellised vine
[ESP.] pérgola
[FR.] treille
[IT.] pergola
[AL.] Pergola

Lenhoso: *Aroma vegetal que indica um vinho* ADSTRINGENTE *e rico em taninos de má qualidade.*

[INGL.] woody
[ESP.] leñoso

L

[FR.] ligneux
[IT.] legnoso
[AL.] verholzt

Leve: *Vinho com baixo* TEOR ALCOÓLICO, *para consumo rápido.*

[INGL.] light
[ESP.] ligero
[FR.] léger
[IT.] leggero
[AL.] leicht, hübsch

Levedura: *Fungo microscópico encontrado na* PELÍCULA *da* UVA, *responsável pela* FERMENTAÇÃO ALCOÓLICA.

[INGL.] yeast
[ESP.] levadura
[FR.] levure
[IT.] lievito
[AL.] Hefe

Levedura selecionada: *Melhora as características finais do vinho, pois pode produzir alguns compostos que darão um toque de distinção ao produto final.*

[INGL.] selected yeast
[ESP.] levadura seleccionada
[FR.] levure sélectionnée
[IT.] lievito selezionato
[AL.] selektionierte Hefe

Levulose: *Ver* FRUTOSE.

Licor: *Bebida doce obtida pela mistura de* ÁLCOOL *ou* AGUARDENTE *com ingredientes aromáticos, como ervas, especiarias, frutas, nozes, flores e sementes.*

[INGL.] liqueur, syrup
[ESP.] licor, jarabe
[FR.] liqueur
[IT.] liquore
[AL.] Likör

Licor de expedição, xarope de dosagem: *Mistura de vinho* VELHO *ou* CONHAQUE *e* AÇÚCAR *adicionada ao* CHAMPANHE, *antes do* ARROLHAMENTO, *cujo* TEOR DE AÇÚCAR *irá definir seu estilo:* BRUT, *extra sec, sec, demi-sec ou doux.*

[INGL.] expedition liqueur
[ESP.] licor de expedición, dosaje de licor
[FR.] liqueur de dosage, liqueur d'expédition
[IT.] liquore di dosaggio
[AL.] Versand-Likör

Licor de tirage: *Solução de* AÇÚCAR *de cana, taninos e leveduras selecionadas que vão provocar a* SEGUNDA FERMENTAÇÃO *no* CHAMPANHE.

[INGL.] tirage liqueur
[ESP.] licor de tiraje
[FR.] liqueur de tirage

L

[IT.] liquore di tiratura
[AL.] Tirage-Likör

Licoroso: *Diz-se de vinhos com* TEOR ALCOÓLICO *superior a 14°g/l, geralmente obtidos de mostos mais ricos em* AÇÚCAR, *ou pela adição de mostos concentrados, de mistelas ou de álcoois.*

[INGL.] liquorous
[ESP.] licoroso
[FR.] de liqueur
[IT.] liquoroso
[AL.] Likörwein

Ligeiramente efervescente: *Diz-se de um vinho com ligeira presença de* GÁS CARBÔNICO.

[INGL.] slightly fizzy
[ESP.] vino de aguja, petillant
[FR.] perlant, perlé
[IT.] frizzante, frizzantino
[AL.] spritzig

Limpidez: *Qualidade aplicada aos vinhos que, em sua fase visual, aparecem cristalinos e brilhantes, sem partículas em suspensão.*

[INGL.] limpidity
[ESP.] limpidez
[FR.] limpidité
[IT.] limpidità
[AL.] Klarheit

Límpido: *Vinho totalmente transparente, isento de sedimentos ou partículas em suspensão.*

[INGL.] limpid, clear
[ESP.] límpido
[FR.] limpide, clair
[IT.] limpido
[AL.] klar

Limpo: *Vinho sem defeitos.*

[INGL.] clean
[ESP.] puro
[FR.] droit, net, propre
[IT.] netto, franco
[AL.] sauber

Longo: *Vinho de boa* PERSISTÊNCIA, *que se prolonga no* FIM DE BOCA.

[INGL.] long, lingering
[ESP.] largo, persistente
[FR.] persistant
[IT.] persistente
[AL.] lang

Luminoso: *Diz-se de um vinho com reflexos intensos.*

[INGL.] bright
[ESP.] luminoso
[FR.] lumineux
[IT.] luminoso
[AL.] glänzend, leuchtend

Maçã: Aroma *típico de vinhos brancos.*

[INGL.] apple
[ESP.] manzana
[FR.] pomme
[IT.] mela
[AL.] Kulturapfel

Maceração: *Operação que consiste em extrair os pigmentos que conferem cor ao vinho* TINTO, *os taninos e os aromas contidos nas cascas de* UVA *imersas no* MOSTO, *no decorrer da* FERMENTAÇÃO.

[INGL.] maceration
[ESP.] maceración
[FR.] macération
[IT.] macerazione
[AL.] Mazeration, Aufweichung

Maceração carbônica: *Técnica de* VINIFICAÇÃO EM TINTO *que consiste em colocar as uvas não esmagadas em uma* CUBA *fechada, na presença de* GÁS CARBÔNICO.

[INGL.] carbonic maceration
[ESP.] maceración carbónica
[FR.] macération carbonique
[IT.] macerazione carbonica
[AL.] karbonische Gärung

M

Maceração peculiar: *Técnica de* VINIFICAÇÃO EM BRANCO *que consiste em manter as cascas e sementes em contato com o* MOSTO.

[INGL.] pellicular maceration, skin contact
[ESP.] maceración pelicular
[FR.] macération pelliculaire
[IT.] macerazione pellicolare
[AL.] Hülsenmaischung

Macio: *Ver* SUAVE.

Madeirização: *Processo pelo qual um vinho toma a cor e o gosto da madeira em que foi envelhecido.*

[INGL.] maderization, madeirization
[ESP.] maderización
[FR.] madérisation
[IT.] maderizzacione
[AL.] Maderisierung

Madeirizado: AROMA *e sabor típicos dos vinhos brancos envelhecidos e de coloração* ÂMBAR, *como os vinhos madeira e marsala.*

[INGL.] maderized
[ESP.] maderizado
[FR.] madérisé, madère
[IT.] maderizzato
[AL.] Rahngeschmack

Maduro: *Termo usado para designar um vinho que exibe todas as suas virtudes e qualidades.*

[INGL.] mature, matured
[ESP.] maduro
[FR.] mûr, mature
[IT.] maturo
[AL.] ausgereift

Magnum: *Tipo de garrafa que armazena 1,5l, o equivalente a duas garrafas de 750ml ou 250oz.*

[INGL.] Magnum
[ESP.] Magnum
[FR.] Magnum
[IT.] Magnum
[AL.] Magnum

Magro, descarnado: *Vinho sem substância.*

[INGL.] thin, meagre
[ESP.] magro, desencarnado
[FR.] maigre, décharné
[IT.] magro, scarno
[AL.] dünn, abgemagert

Máquina rotuladora: *Equipamento utilizado para colocar os rótulos e contrarrótulos nas garrafas.*

[INGL.] labeling machine
[ESP.] etiquetadora

M

[FR.] étiqueteuse, machine à étiqueter
[IT.] etichettatrice
[AL.] Etikettiermaschine

Masculino: *Ver* VIRIL.

Maturação, amadurecimento: *Estágio posterior ao processo de* FERMENTAÇÃO, *em que o vinho é colocado em tanques, tonéis, barricas ou garrafas para se desenvolver e evoluir. É um processo de* AFINAMENTO.

[INGL.] maturing
[ESP.] maduración
[FR.] enchantelage, mûrissement
[IT.] maturazione, stagionamento
[AL.] Ausbau

Matusalém: *Tipo de garrafa que armazena 6l, o equivalente a oito garrafas bordeaux.*

[INGL.] Mathuselah
[ESP.] Mathuselah
[FR.] Mathusalem
[IT.] Mathuselah
[AL.] Methusalem

Meio doce: *Termo que se aplica a um vinho com* TEOR DE AÇÚCAR *mais baixo que o do vinho* DOCE *e mais alto que o do* MEIO SECO.

[INGL.] semi-sweet
[ESP.] semidulce
[FR.] demi-doux
[IT.] semi-dolce
[AL.] halbsüß

Meio seco: *Termo que se aplica a um vinho ligeiramente* DOCE, *com teor de açúcares residuais entre 33g/l-50g/l.*

[INGL.] semi-dry, medium dry
[ESP.] semiseco
[FR.] demi-sec
[IT.] demi-sec, semisecco
[AL.] halbtrocken

Meloso: *Ver* PASTOSO.

Mercáptã: *Presença de compostos sulfurosos que conferem ao vinho um* ODOR *que lembra o de ovos podres.*

[INGL.] mercaptan
[ESP.] mercaptano
[FR.] mercaptan
[IT.] mercaptano
[AL.] Merkaptan

Metabissulfito: *Produto químico adicionado ao* MOSTO *para inibir a ação de microrganismos nocivos que causam* OXIDAÇÃO *do* MOSTO *e alterações no vinho.*

[INGL.] metabisulphite
[ESP.] metabisulfito

M

[FR.] métabisulfite
[IT.] metabissulfito
[AL.] Metabisulfit

Metálico: *Sabor* DEFEITUOSO *resultante do contato do vinho com certos metais, como o ferro ou o cobre.*

[INGL.] metallic
[ESP.] metálico
[FR.] métallique
[IT.] metallico
[AL.] metallisch

Método champenoise: *Técnica para produzir vinhos espumantes naturais que consiste em provocar a* SEGUNDA FERMENTAÇÃO *dentro da própria garrafa.*

[INGL.] champenoise method (second fermentation occurs in closed bottles)
[ESP.] método champenoise (segunda fermentación en botellas cerradas)
[FR.] méthode champenoise, méthode classique (deuxième fermentation en bouteilles closes)
[IT.] metodo champenois (rifermentazione in bottiglie chiuse)
[AL.] Methode champenoise (die Gärung verläuft in geschlossenen Flaschen)

Método Charmat: *Técnica para produzir vinhos espumantes naturais criada pelo francês Eugene Charmat, em 1910. Consiste em provocar a* SEGUNDA FERMENTAÇÃO *do vinho em autoclaves hermeticamente fechadas.*

[INGL.] Charmat method, bulk (second fermentation in tanks)
[ESP.] método Charmat, granvas (consiste en realizar la segunda fermentación en cubas)
[FR.] méthode Charmat, cuve close (deuxième fermentation en cuves closes)
[IT.] metodo Charmat, autoclave (rifermentazione in autoclave)
[AL.] Charmat-Verfahren

Método clássico, método tradicional: *Técnica para produzir vinhos espumantes naturais que consiste em uma* TOMADA DE ESPUMA *realizada em garrafa.*

[INGL.] traditional method
[ESP.] método clásico
[FR.] méthode classique ou traditionnelle
[IT.] metodo classico
[AL.] klassische Methode

M

Método rural: *Elaboração de vinhos espumantes por meio de* ENGARRAFAMENTO *antes do final da* FERMENTAÇÃO ALCOÓLICA.

[INGL.] rural
[ESP.] rural
[FR.] rurale
[IT.] rurale
[AL.] Landmethode

Método tradicional: *Ver* MÉTODO CLÁSSICO.

Míldio: *Doença provocada pelo fungo norte-americano* Plasmopar vinicola, *que ataca todas as partes verdes da planta, em particular as folhas, provocando diminuição na capacidade fotossintética.*

[INGL.] Mildew
[ESP.] mildiú
[FR.] mildiou
[IT.] mildio
[AL.] Mehltau

Mineral: AROMA *de alguns minerais que podem remeter, em alguns casos, ao tipo de solo da região da produção. É característico de alguns vinhos brancos de qualidade.*

[INGL.] mineral
[ESP.] mineral
[FR.] minéral
[IT.] minerale
[AL.] mineralisch

Mistela: *Produto obtido da adição de* AGUARDENTE VÍNICA *ao* MOSTO *não fermentado de uvas.*

[INGL.] mistelle
[ESP.] mistela
[FR.] mistelle
[IT.] mistella
[AL.] Likörwein

Mofo, bolor: *Provocado por excesso de umidade, ataca rolhas e rótulos das garrafas, podendo chegar ao vinho através da* ROLHA.

[INGL.] mould
[ESP.] moho
[FR.] moisissure
[IT.] muffa
[AL.] Schimmel

Mole, débil: *Vinho* CHATO, *sem* CONSISTÊNCIA *e com pouca* ACIDEZ.

[INGL.] flabby
[ESP.] débil
[FR.] mou, rabougri, chétif
[IT.] molle
[AL.] weichlich

Monda, arranque: *Operação que visa evitar o aparecimento de ervas daninhas.*

M

[INGL.] weed control, ripping out
[ESP.] monda, descepado
[FR.] sarclage, arrachange
[IT.] scerbatura, estirpazione
[AL.] Jäten, Rodung

Mosto: *Suco obtido da* UVA *madura por meio da* PRENSAGEM *ou do* ESMAGAMENTO, *destinado à elaboração de vinho.*

[INGL.] must
[ESP.] mosto
[FR.] moût
[IT.] mosto
[AL.] Most

Mustímetro, pesa-mosto: *Instrumento que tem uma escala graduada que indica a porcentagem exata de açúcares no* MOSTO.

[INGL.] mustimeter, saccharimeter
[ESP.] mustímetro, pesa-mosto
[FR.] mustimètre, pèse-moût
[IT.] mostimetro, pesamosto
[AL.] Mostwaage, Senkwaage

Nabucodonosor: *Tipo de garrafa que armazena de 12l a 20l, o que equivale a 16 a 26 garrafas de* CHAMPANHE.

[INGL.] Nebuchadnezzar
[ESP.] Nabucodonosor
[FR.] Nabuchodonosor
[IT.] Nabuchodonosor
[AL.] Nebukadnezar

Nariz: *Ver* AROMA.

Nervoso: *Aplica-se aos vinhos novos, frescos e firmes.*

[INGL.] nervous
[ESP.] nervioso
[FR.] nerveux
[IT.] nervoso
[AL.] nervig

N

Neutro: *Vinho sem "personalidade".*

[INGL.] neutral
[ESP.] neutral
[FR.] neutre
[IT.] neutro
[AL.] neutral

Nobre: *Vinho que tem qualidade superior.*

[INGL.] noble, classic
[ESP.] noble, clásica
[FR.] noble, classique
[IT.] nobile, classica
[AL.] edel

Nota: *Nuance aromática percebida tanto pelo nariz quanto pela boca.*

[INGL.] touch, nuance, hint
[ESP.] nota
[FR.] nuance, note, senteur, soupçon
[IT.] nota
[AL.] Note

Novo: *Ver* JOVEM.

Oco: *Ver* VAZIO.

Odor: *Aroma do vinho detectado pelo olfato.*

[INGL.] smell
[ESP.] olor
[FR.] odeur
[IT.] odore
[AL.] Geruch

Odor de petróleo: *Cheiro característico dos vinhos rieslings.*

[INGL.] taste of kerosene
[ESP.] sabor a petróleo
[FR.] goût de pétrole
[IT.] sapore di petrolio
[AL.] Petroleumgeschmack

Oídio: *Doença da* VINHA *provocada por um fungo que ocasiona o ressecamento das folhas e dos cachos de* UVA, *os quais ficam cobertos de um pó esbranquiçado.*

[INGL.] oidium, powdery mildew
[ESP.] oídio, ceniza, cenicilla
[FR.] oïdium, blanc
[IT.] oidio
[AL.] Oidium, echter Mehltau

Opalescente: *Vinho ligeiramente* VELADO.

[INGL.] opalescent
[ESP.] opalescente
[FR.] opalescent

O

[IT.] opalino
[AL.] blind

Orgânico: *Vinho produzido de acordo com os preceitos da agricultura orgânica.*

[INGL.] organic
[ESP.] orgánico, natural
[FR.] biologique, authentique, nature
[IT.] biologico, organico
[AL.] ökologisch

Osmose inversa: *Técnica utilizada para eliminar certa quantidade de* ÁGUA *do* MOSTO, *a fim de aumentar a concentração de* AÇÚCAR *e torná-lo mais concentrado.*

[INGL.] reverse osmosis
[ESP.] ósmosis inversa
[FR.] osmose inverse
[IT.] osmose inversa
[AL.] Umkehrosmose

Oxidação: *Alteração indesejável que se traduz na modificação da cor e do gosto do vinho em razão do contato com o oxigênio, exceto para alguns tipos, como madeira, marsala,* XEREZ *e Porto.*

[INGL.] oxidation
[ESP.] oxidación
[FR.] oxydation
[IT.] ossidazione
[AL.] Oxidation

Oxidado: *Vinho* ALTERADO *em suas características visuais, olfativas e gustativas pelo contato com o oxigênio.*

[INGL.] oxidized
[ESP.] oxidado
[FR.] oxydé
[IT.] ossidato
[AL.] oxidiert

Parte dos anjos: *Parte da porção alcoólica do* DESTILADO *que se evapora durante sua* MATURAÇÃO.

[INGL.] angels' share, part des anges
[ESP.] parte de los angeles
[FR.] part des anges
[IT.] parte degli angeli
[AL.] Engels-Anteil, Verdunstungsschwund

Pasteurização: *Consiste em aquecer o vinho a 55°C-65°C, para eliminar os microrganismos que porventura tenham sobrevivido à* FERMENTAÇÃO.

[INGL.] pasteurization
[ESP.] pasteurización
[FR.] pasteurisation
[IT.] pastorizzazione
[AL.] Pasteurisierung

Pastoso, meloso: *Aplica-se ao vinho de* CONSISTÊNCIA *excessivamente encorpada.*

[INGL.] pasty, sweetish
[ESP.] pastoso, dulzón
[FR.] pâteux, douceâtre
[IT.] pastoso, dolciastro
[AL.] dickflüssig, süßlich

Pederneira: ODOR MINERAL *característico de alguns vinhos brancos secos.*

P

[INGL.] flinty taste
[ESP.] gusto de pedernal
[FR.] goût de pierre à fusil
[IT.] sabore di pietra focaia
[AL.] Feuersteingeschmack

Pele, película, casca: *Proteção da* POLPA, *a qual auxilia na* FERMENTAÇÃO *e cede matérias corantes na elaboração dos vinhos tintos.*

[INGL.] skin
[ESP.] piel
[FR.] pellicule, peau
[IT.] buccia, fiocine, velo
[AL.] Beerenhaut

Película: *Ver* PELE.

Pequeno: *Ver* FRACO.

Pérgula: *Ver* LATADA.

Período de maturação do vinho, acabamento: *Intervalo de tempo que começa após a* FERMENTAÇÃO *e se estende até o* ENGARRAFAMENTO.

[INGL.] élevage, raising
[ESP.] crianza
[FR.] élevage, finition
[IT.] elevazione, affinamento
[AL.] Weinpflege

Perna: *Ver* LÁGRIMA.

Persistência: *Sensação olfativa e gustativa que o vinho deixa na boca após ser engolido, e que pode ser medida em segundos.*

[INGL.] persistency
[ESP.] persistencia
[FR.] persistance, allonge
[IT.] persistenza
[AL.] Persistenz

Pesado, carregado: *Vinho* DESEQUILIBRADO, *sem frescor, sem elegância.*

[INGL.] fastidious
[ESP.] basto, vinazo
[FR.] lourd, chargé, coloré
[IT.] pesante
[AL.] dick

Pesa-mosto: *Ver* MUSTÍMETRO.

pH (potencial de Hidrogênio): *Representação da* ACIDEZ REAL *de um vinho. Essa medida oscila entre 2,7 e 4,2.*

[INGL.] pH
[ESP.] pH
[FR.] pH
[IT.] pH
[AL.] pH

Picante: *Vinho com ligeira* ACIDEZ.

[INGL.] sharp
[ESP.] picante

P

[FR.] piquant
[IT.] piccante
[AL.] pikant

Pigeage: *Termo francês para a ação de empurrar de volta para o fundo dos tanques a capa de cascas de uvas e outros sólidos que se formam na superfície, no início da* FERMENTAÇÃO, *com o auxílio de uma ferramenta denominada* pigeou.

[INGL.] punching down, pigeage
[ESP.] bazuqueo, meceo
[FR.] pigeage
[IT.] remontaggio
[AL.] Pigeage

Pintor: *Momento em que as uvas mudam de cor; as tintas passam do verde para o violáceo; as brancas, do verde para o* ÂMBAR.

[INGL.] veraison
[ESP.] envero, pinta
[FR.] véraison
[IT.] invaiatura
[AL.] Véraison

Pipeta: *Instrumento utilizado para recolher amostras de vinhos dos barris por meio de seus orifícios.*

[INGL.] wine thief, pipette
[ESP.] pipeta
[FR.] taste-vin, pipette
[IT.] pipetta
[AL.] Pipette

Plano: *Ver* CHATO.

Pleno: *Ver* CHEIO.

Poda: *Ação que favorece o crescimento das plantas.*

[INGL.] pruning
[ESP.] poda
[FR.] taille
[IT.] potatura
[AL.] Rebschnitt

Poda de formatação: *Atividade posta em prática no início da* BROTAÇÃO, *cuja finalidade é dar a forma adequada à videira.*

[INGL.] training pruning, shaping
[ESP.] poda de formación
[FR.] taille de formation
[IT.] potatura di formazione
[AL.] Erziehungsschnitt

Poda de frutificação, poda de produção: *Atividade cujo objetivo é preparar a videira para a produção da* SAFRA *seguinte.*

[INGL.] regular pruning
[ESP.] poda de fructificación
[FR.] taille de fructification
[IT.] potatura di produzione
[AL.] Ertragsschnitt

P

Poda de produção: *Ver* PODA DE FRUTIFICAÇÃO.

Poda de renovação: *Ação que consiste em eliminar as partes da videira com pouca vitalidade.*

[INGL.] replacement, rejuvenation pruning
[ESP.] poda de rejuvenecimiento
[FR.] taille de rajeunissement
[IT.] potatura di ringiovanimento
[AL.] Verjüngungsschnitt

Podridão cinza: *Manifestação do fungo* BOTRYTIS CINEREA *em condições climáticas de forte umidade. É considerada maléfica, pois afeta a qualidade e a quantidade da* VINDIMA.

[INGL.] gray rot (U.S.), grey rot (U.K.)
[ESP.] podredumbre gris
[FR.] pourriture grise
[IT.] marciume grigio, muffa grigia
[AL.] Grauschimmel

Podridão nobre: *Manifestação da ação do fungo* BOTRYTIS CINEREA *em condições climáticas favoráveis, ou seja, em regiões marcadas por outonos com manhãs úmidas e tardes ensolaradas. É considerada benéfica porque as uvas perdem* ÁGUA, *ficam ressecadas e concentram seus açúcares, tornando-se ideais para a elaboração dos vinhos doces. Os sauternes, os monbazillac e os cadillac, além dos húngaros tokaji, são resultado desse processo.*

[INGL.] noble rot, noble mout
[ESP.] podredumbre noble
[FR.] pourriture noble
[IT.] marciume nobile, muffa nobile
[AL.] Edelfäule

Polifenol, composto fenólico: *Substância responsável pela cor e pela* ESTRUTURA *dos vinhos.*

[INGL.] polyphenols, phenolic compounds
[ESP.] polifenoles, compuestos fenólicos
[FR.] polyphénols, composés phénoliques
[IT.] polifenoli, composti fenolici
[AL.] Polyphenole, Phenolverbindungen

Polpa: *Parte rica da* UVA, *localizada entre a* PELÍCULA *e a semente, onde está armazenado o* MOSTO.

P

[INGL.] pulp
[ESP.] pulpa
[FR.] pulpe, chair
[IT.] pappa
[AL.] Brei

Porta-enxerto, cavalo: *Pé de videira americana em que se enxerta a planta europeia para dotá-la de maior resistência ao ataque da* FILOXERA.

[INGL.] rootstock
[ESP.] portainjerto, patrón
[FR.] porte-greffe
[IT.] portainnesto
[AL.] Rebunterlage

Potente: *Ver* ROBUSTO.

Prensa: *Equipamento que serve para extrair o* MOSTO *das uvas por pressão, na* VINIFICAÇÃO EM BRANCO, *ou para obter o* VINHO DE PRENSA, *na* VINIFICAÇÃO EM TINTO.

[INGL.] press
[ESP.] prensa
[FR.] pressoir
[IT.] pressa, spremitoio
[AL.] Presse, Weinkelter

Prensagem: *Operação realizada após o* ESMAGAMENTO *e que consiste em passar as uvas pela* PRENSA *para separar a parte sólida da parte líquida.*

[INGL.] pressing
[ESP.] prensadura
[FR.] pressurage
[IT.] pressaggio
[AL.] Keltern, Trotten

Prensa vertical, *pressoir cocquard*: *Equipamento utilizado na* VINIFICAÇÃO *de espumantes que permite obter grande suavidade na extração e uma perfeita separação do* MOSTO.

[INGL.] vertical press
[ESP.] prensa vertical
[FR.] pressior vertical
[IT.] torchio verticale
[AL.] Senkrechtpresse

Prensar: *Comprimir ou apertar na* PRENSA.

[INGL.] press
[ESP.] prensar
[FR.] presser
[IT.] spremere
[AL.] pressen

Pressoir cocquard: *Ver* PRENSA VERTICAL.

Produtor: *Indivíduo responsável pela produção de vinho.*

[INGL.] winemaker
[ESP.] productor de vino
[FR.] producteur de vin

P

[IT.] produttore di vino
[AL.] Weinhersteller

Profundo: *Diz-se de um vinho* RICO, *com aroma intenso e abundante.*

[INGL.] deep
[ESP.] profundo
[FR.] profond
[IT.] profondo
[AL.] tief

Pronto: *Vinho apto a ser consumido.*

[INGL.] ready
[ESP.] listo
[FR.] prêt, fait
[IT.] pronto
[AL.] entwickelt, fertig

Provador, degustador: *Profissional que faz a* ANÁLISE SENSORIAL *do vinho.*

[INGL.] wine taster
[ESP.] degustador, catador
[FR.] dégustateur, dégustatrice, goûteur
[IT.] degustatore, assaggiatore
[AL.] Weinverkoster

Pruína: *Substância cerosa que forma uma* PELÍCULA *e recobre a* UVA.

[INGL.] bloom
[ESP.] pruina

[FR.] pruine
[IT.] pruina
[AL.] Wachsanflug, Reif

Pulpeux: *Termo francês usado para descrever um vinho* REDONDO, CARNOSO, DENSO.

[INGL.] pulpy
[ESP.] pulposo
[FR.] pulpeux
[IT.] polposo
[AL.] fleischig

Pupitre, estante: *Cavalete de madeira com furos inclinados, no qual as garrafas de* ESPUMANTE *são colocadas para dar início ao processo de* REMUAGE.

[INGL.] shaking rack
[ESP.] pupitre
[FR.] pupitre
[IT.] pupitre, cavaletto
[AL.] Rüttelpult

Púrpura: *Tonalidade dos vinhos tintos muito jovens.*

[INGL.] purple
[ESP.] purpúreo
[FR.] pourpre
[IT.] porpora
[AL.] Purpur

Quebra-vento, cortina: *Plantação ou dispositivo artificial destinado a proteger a* VINHA *contra o vento.*

[INGL.] windbreak
[ESP.] paraviento
[FR.] paravent, brise-vent
[IT.] frangivento
[AL.] Windschutz

Quente: *Vinho cujo* ÁLCOOL *é dominante na boca, provocando agradável sensação de calor.*

[INGL.] warming
[ESP.] cálido
[FR.] chaud, chaleureux
[IT.] caldo
[AL.] wärmend

Química: *Termo que designa o conjunto de alguns odores desagradáveis, como o* ACÉTICO, *de fênico, dos fenóis, do enxofre ou dos enxofrados etc., presentes nos vinhos em razão de manipulação inadequada.*

[INGL.] chemical
[ESP.] chemical
[FR.] chimie, chimique
[IT.] chimica
[AL.] Chemie

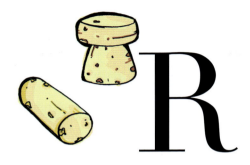

Raça: *Termo usado para designar um vinho com* CARÁTER *e elegância.*

[INGL.] racy
[ESP.] raza
[FR.] race
[IT.] razza
[AL.] Rassig

Rascante: *Vinho* ADSTRINGENTE, *que rasga o paladar.*

[INGL.] harsh, rough
[ESP.] rasposo
[FR.] râpeux
[IT.] rasposo
[AL.] rauh, rau

Redondo: *Diz-se de um vinho* CHEIO, *aveludado,* EQUILIBRADO.

[INGL.] round
[ESP.] redondo
[FR.] arrondi, assagi, rond, souple
[IT.] rotondo
[AL.] rund

Redução: *Processo de* ENVELHECIMENTO *do vinho na garrafa, na ausência do oxigênio.*

[INGL.] reduction
[ESP.] reducción
[FR.] réduction
[IT.] riduzione
[AL.] Reduktion

R

Refratômetro: *Instrumento utilizado para medir a concentração de açúcares no* MOSTO. *Coloca-se uma gota do* MOSTO *sobre o prisma de medida e orienta-se o* REFRATÔMETRO *contra a luz. Quanto mais doce o* MOSTO, *mais refratada é a luz.*

[INGL.] refractometer
[ESP.] refractómetro
[FR.] réfractomètre
[IT.] rifrattometro
[AL.] Refraktometer

Refrigeração: *Técnica de* ESTABILIZAÇÃO *que favorece a precipitação dos cristais de* ÁCIDO TARTÁRICO, *evitando que esse fenômeno tenha lugar na garrafa.*

[INGL.] refrigeration
[ESP.] refrigeración
[FR.] réfrigération
[IT.] refrigerazione
[AL.] Kühlung, Kühlen

Réhoboam: *Tipo de garrafa que armazena 4,5l, o que equivale a seis garrafas de* CHAMPANHE.

[INGL.] Rehoboam
[ESP.] Réhoboam
[FR.] Réhoboam
[IT.] Réhoboam
[AL.] Rehabeam

Remeximento: *Agitação energética do vinho (manual ou mecânica) quer com o objetivo de homogeneizar um lote, quer para conseguir uma perfeita incorporação de produtos enológicos.*

[INGL.] stirring, rousing
[ESP.] removido
[FR.] brassage
[IT.] rimescolamento
[AL.] Aufrühren

Remoção do tártaro, destartarização: *Operação para eliminar os tártaros que se depositam nas paredes dos tanques de* FERMENTAÇÃO *e, eventualmente, nas paredes das garrafas de vinho.*

[INGL.] descaling
[ESP.] destartarización
[FR.] détartrage
[IT.] detartarizzazione
[AL.] Entkalkung

Remontagem: *Operação que consiste em retirar o* MOSTO *da parte inferior do recipiente e colocá-lo novamente na parte superior, por meio de bombeamento. Esse processo favorece a extração dos pigmentos que conferem cor ao vinho.*

[INGL.] pumping over
[ESP.] remontado

R

[FR.] remontage
[IT.] rimontaggio
[AL.] Umpumpen

Remuage, remuagem: *Operação que consiste em girar as garrafas de* CHAMPANHE *dispostas nas pupitres – 1/4 de volta, uma a uma, todos os dias – até que alcancem a posição vertical. Dessa maneira, os sedimentos vão se deslocando, acumulando-se no* GARGALO, *para, depois, serem extraídos em uma operação denominada* DEGOLA.

[INGL.] shaking, riddling
[ESP.] removido
[FR.] remuage, poignettage
[IT.] scuotimento
[AL.] Rütteln

Remuagem: *Ver* REMUAGE.

Renana: *Ver* GARRAFA TIPO ALEMÃ.

Reno: *Ver* GARRAFA TIPO ALEMÃ.

Reserva, riserva: *Termo usado na Espanha, em Portugal e na Itália, sujeito à legislação específica, para classificar vinhos produzidos com uvas de melhor qualidade e amadurecidas por tempo mais prolongado. Nos Estados Unidos e no Novo Mundo, esse termo é empregado sem qualquer regulamentação.*

[INGL.] Reserve
[ESP.] Reserva
[FR.] Réserve
[IT.] Riserva
[AL.] Reserve

Resinado: *Diz-se do vinho acrescido de resina.*

[INGL.] resinated
[ESP.] resinado
[FR.] résiné
[IT.] resinato
[AL.] geharzter

Retrogosto, aroma de boca: *Aroma e gosto deixados pelo vinho após ser engolido ou cuspido.*

[INGL.] aftertaste
[ESP.] retrogusto, dejo, postgusto
[FR.] arrière-goût
[IT.] retrogusto
[AL.] Nachgeschmack

Retro-olfação: *Percepção olfativa sentida na boca pela via retronasal.*

[INGL.] retro-olfaction
[ESP.] retrolfacíon
[FR.] rétro-olfaction
[IT.] retro-olfazione
[AL.] Geschmacksempfindung

R

Rico: *Designa um vinho* POTENTE *na cor e no* ÁLCOOL; COMPLETO.

[INGL.] rich
[ESP.] rico
[FR.] riche
[IT.] ricco
[AL.] vollmundig, stark

Rígido: *Vinho com* ACIDEZ *e taninos dominantes.*

[INGL.] raide
[ESP.] rígido
[FR.] raide
[IT.] rigido
[AL.] hart

Riserva: *Ver* RESERVA.

Robe: *Termo francês que significa o* ASPECTO *visual do vinho; a intensidade e a profundidade de sua cor.*

[INGL.] depth, colour
[ESP.] capa
[FR.] robe
[IT.] veste, aspetto
[AL.] Fabe (Wein), Robe

Robusto, potente: *Vinho que tem* CORPO *bem constituído, com elevado* TEOR ALCOÓLICO.

[INGL.] robust
[ESP.] robusto
[FR.] robuste, puissant
[IT.] robusto
[AL.] mächtig, robust

Roçar, amanhar, arrotear, alqueivar, descruar: *Preparar o solo para o plantio da* VINHA.

[INGL.] work the soil, till, grup up
[ESP.] labrar, roturar
[FR.] travailler la terre, travailler le sol
[IT.] dissodare, arare
[AL.] beackern, bestellen

Rolha: *Objeto utilizado na indústria vitivinícola, pode ser de* CORTIÇA *natural, de aglomerado e sintética, com diâmetro de 24mm e comprimento de 38mm a 40mm para as garrafas de vinho de consumo rápido, e comprimento de 44mm a 50mm para as garrafas de vinho de guarda. As rolhas de* CHAMPANHE *obedecem a outro padrão.*

[INGL.] cork, stopper
[ESP.] tapón, corcho
[FR.] bouchon
[IT.] tappo
[AL.] Korken

Rolha de cortiça: *Considerada ideal por suas propriedades de elasticidade,*

R

impermeabilidade, resistência, conservação em contato com líquido, ausência de cheiro e baixo peso específico.

[INGL.] cork
[ESP.] tapón de corcho
[FR.] bouchon de liège
[IT.] tappo di sughero
[AL.] Naturkorken

Rolha sintética: *Produzida de material termoplástico, sua maior vantagem é o custo.*

[INGL.] synthetic cork
[ESP.] tapón sintético
[FR.] bouchon synthétique
[IT.] tappo sintetico
[AL.] synthetische Korken

Rosado, rosé: *Bebida alcoólica resultante da* FERMENTAÇÃO *do suco de uvas brancas ou tintas com as partes sólidas da* UVA, CASCA *e semente, até que a cor rósea seja alcançada.*

[INGL.] rosé wine
[ESP.] vino rosado
[FR.] vin rosé
[IT.] vino rosato, vino rosé
[AL.] Schillerwein, Weißherbst

Rosé: *Ver* ROSADO.

Rotulagem: *Ação de colocar os rótulos, contrarrótulos e, eventualmente, rótulos de* GARGALO *nas garrafas de vinho.*

[INGL.] labeling
[ESP.] etiquetadura
[FR.] étiquetage
[IT.] etichettatura
[AL.] Etikettieren

Rótulo: *É a "carteira de identidade" do vinho. Em geral, deve conter a marca, o nome do vinho e da* VINÍCOLA, *o tipo, a variedade ou as variedades de uvas utilizadas, os teores alcoólico e de* AÇÚCAR, *a* SAFRA *e o volume contido na garrafa, expresso em mililitros.*

[INGL.] label
[ESP.] etiqueta
[FR.] étiquette
[IT.] etichetta
[AL.] Etikett

Rótulo do gargalo, colarinho: *Pouco utilizado, indica apenas a* SAFRA *ou o nome do engarrafador.*

[INGL.] neck label
[ESP.] collarín
[FR.] collerette
[IT.] collarino
[AL.] Halsschleife

Rubi: *Tonalidade dos vinhos tintos prontos para consumo.*

R

[INGL.] ruby
[ESP.] rubí
[FR.] rubis
[IT.] rubino
[AL.] rubinrot

Rude: *Caracteriza um vinho com excesso de* TANINO, *muito* ADSTRINGENTE.

[INGL.] hard
[ESP.] vino-mosto
[FR.] bourru
[IT.] ruvido
[AL.] Federweißer

Rústico: *Aplica-se a um vinho bom e simples.*

[INGL.] rustic
[ESP.] rústico
[FR.] rustique
[IT.] rustico
[AL.] bäuerlich

Saca-rolha: *Instrumento de metal utilizado para abrir garrafas de vinho.*

[INGL.] corkscrew
[ESP.] saca corchos
[FR.] tire-bouchon
[IT.] tirattapi, cavatappi
[AL.] Korkzieher

Safra: *Ano da* COLHEITA *da* UVA *e da produção do vinho correspondente.*

[INGL.] vintage, harvest, year
[ESP.] añada, año
[FR.] millésime, année
[IT.] millesimo, annata
[AL.] Jahrgang, Jahr

Salgado: *Sensação gustativa sentida na parte superior da língua, proveniente dos sais minerais e sais ácidos.*

[INGL.] salty
[ESP.] salado
[FR.] salé
[IT.] salato
[AL.] salzig

Salmanazar: *Tipo de garrafa que armazena 9l, o equivalente a 12 garrafas de* CHAMPANHE.

[INGL.] Salmanazar
[ESP.] Salmanazar
[FR.] Salmanazar

S

[IT.] Salmanazar
[AL.] Salmanazar

Sangria:[1] *Bebida refrescante que se elabora com vinho* TINTO, *sucos de laranja e de limão, água gasosa e pedaços de frutas. É típica da Espanha.*

[INGL.] sangria
[ESP.] sangria
[FR.] sangria
[IT.] sangria
[AL.] Sangria

Sangria:[2] *Operação que consiste em retirar uma parte do* MOSTO *de uma* CUBA *durante a* FERMENTAÇÃO ALCOÓLICA.

[INGL.] drawing off
[ESP.] sangrado, escorrido
[FR.] saignée
[IT.] salasso
[AL.] Abstechen

Sapido: *Vinho saboroso,* FRESCO *e com bom* RETROGOSTO.

[INGL.] sapid
[ESP.] sápido, sabroso
[FR.] sapide
[IT.] sapido
[AL.] schmackhaft

Sarmento: *Também chamado de vara, é o ramo que já passou pelo ciclo de* MATURAÇÃO.

[INGL.] cane, sarment, runner
[ESP.] sarmiento, pámpano
[FR.] sarment, gourmand, pampre
[IT.] sarmento, tralcio, pampino
[AL.] Trieb, Rute, Weinstock

Saúde!, tim-tim!: *Expressão usada para brindar.*

[INGL.] cheers!
[ESP.] ¡salud!
[FR.] santé! tchin-tchin!
[IT.] salute! cincin!
[AL.] Prost! prosit!

Seco: *Aplicado ao vinho, significa sem* AÇÚCAR. *Aplicado ao* CHAMPANHE, *quer dizer adocicado.*

[INGL.] dry
[ESP.] seco
[FR.] sec
[IT.] secco
[AL.] trocken

Sedimento: *Ver* BORRA.

Sedoso: *Vinho* MACIO *e* UNTUOSO.

[INGL.] silky
[ESP.] sedoso
[FR.] soyeux
[IT.] setoso
[AL.] lieblich

S

Segunda fermentação: *Operação que pode ser feita em autoclaves –* MÉTODO CHARMAT *– ou na própria garrafa –* MÉTODO CHAMPENOISE. *É uma das etapas de elaboração dos vinhos espumantes.*

[INGL.] fermentation in bottle
[ESP.] segunda fermentación
[FR.] fermentation en bouteille
[IT.] seconda fermentazione
[AL.] Flaschengärung

Segundo vinho: *Bebida elaborada com as uvas que não foram utilizadas na produção do vinho principal de uma propriedade.*

[INGL.] piquette, pomace wine
[ESP.] segundo vino
[FR.] second vin
[IT.] secondo vino
[AL.] zweiter Wein

Semente da uva: *Também chamada de grainha ou pepita, é rica em* TANINO *e óleo vegetal.*

[INGL.] grape seed
[ESP.] semilla de la uva
[FR.] pépin de raisin
[IT.] seme d'uva
[AL.] Traubenkern

Serviço de vinho: *Forma de servir o vinho à mesa, que inclui: seleção do vinho, atenção à temperatura que deve ser servido, escolha das taças, harmonização com a comida a ser degustada etc.*

[INGL.] serving
[ESP.] servicio
[FR.] service
[IT.] servizio
[AL.] Service

Sobrematuração: *Método usado na elaboração de vinhos doces ou licorosos, o qual provoca a dessecação parcial ou total da baga, determinando o aumento na concentração de açúcares.*

[INGL.] over ripeness
[ESP.] sobremadurez
[FR.] surmaturation
[IT.] stramaturità
[AL.] Überreife

Solera: *Termo espanhol que designa uma mistura gradativa de vinhos novos com alguns mais antigos. Ocorre em barris de carvalho americano, denominados botas, cuja capacidade é de 600l. Esse sistema é usado na produção do* XEREZ.

S

[INGL.] solera
[ESP.] solera
[FR.] solera
[IT.] solera
[AL.] Solera

Sólido: *Ver* FIRME.

Sommelier: *Palavra francesa que designa o profissional especializado no serviço de vinhos.*

[INGL.] wine waiter, cellar master
[ESP.] sommelier, escanciador
[FR.] sommelier
[IT.] sommelier
[AL.] Weinkellner, Sommelier

Suave, macio: *Diz-se de um vinho* REDONDO *e sem aspereza, com baixo teor de* TANINO.

[INGL.] supple
[ESP.] suave
[FR.] souple
[IT.] morbido
[AL.] sanft

Suco de uva: *Líquido extraído da* POLPA *da* UVA *por* ESMAGAMENTO *ou* PRENSAGEM.

[INGL.] grape juice
[ESP.] zumo de uvas
[FR.] jus de raisin
[IT.] succo d'uva
[AL.] Traubensaft

Sulfatagem: *Técnica que consiste na pulverização da* VINHA *com caldas cúpricas, sulfato ou oxicloreto de cobre para tratar doenças parasitárias.*

[INGL.] sulphating
[ESP.] sulfatado
[FR.] sulfatage
[IT.] solforazione
[AL.] Sulfatieren

Sulfeto de hidrogênio, ácido sulfídrico: *A presença dessa substância confere ao vinho o* ODOR *característico de ovo podre.*

[INGL.] hydrogen sulfide
[ESP.] hidrógeno sulfurado
[FR.] hydrogène sulfuré, sulfure d'hydrogène
[IT.] acido solfidrico, idrogeno solforato
[AL.] Schwefelwasserstoff

Sulfitação: *Ver* SULFITAGEM.

Sulfitagem, sulfitação: *Ação de adicionar* DIÓXIDO DE ENXOFRE *ao* MOSTO, *antes de sua* FERMENTAÇÃO, *com o propósito de inibir o crescimento de bactérias e leveduras indesejáveis e de impedir a* OXIDAÇÃO.

[INGL.] sulphiting
[ESP.] sulfatación

S

[FR.] sulfitage
[IT.] solfitaggio
[AL.] Schwefeln

Sulfito: *Conservante químico que mata bactérias e também auxilia na prevenção da* OXIDAÇÃO *do vinho.*

[INGL.] potassium sorbate
[ESP.] sulfitado
[FR.] sorbate de potassium
[IT.] sorbato di potassio
[AL.] Kaliumsorbat

Suntuoso: *Diz-se de um vinho que apresenta, à primeira vista, uma bela aparência e que, na boca, tem uma boa seiva, elegância,* CARÁTER *e ótima distinção.*

[INGL.] sumptuous
[ESP.] suntuoso
[FR.] somptueux
[IT.] sontuoso
[AL.] üppig

Sutil: *Denominação aplicada a um vinho* ELEGANTE *e* DELICADO.

[INGL.] subtle
[ESP.] sutil
[FR.] subtil
[IT.] sottile
[AL.] hochfein

Taça: *Copo de forma especial, largo e com pé, usado para beber vinho ou* CHAMPANHE.

[INGL.] glass, cup
[ESP.] copa, taza
[FR.] verre, tasse, coupe, calice
[IT.] bicchiere, coppa
[AL.] Tasse, Schale

Taça de champanhe: *Copo cilíndrico com haste. A* FLUTE *ou tulipa é o tipo mais indicado para o serviço de* CHAMPANHE, *pois propicia a retenção das bolhas de gás no copo por mais tempo. Deve ser enchida até três quartos de seu tamanho, a fim de permitir que se aprecie a cor e a qualidade do vinho.*

[INGL.] champagne glass
[ESP.] copa para champaña
[FR.] verre à champagne, flûte
[IT.] coppa da champagne, flûte
[AL.] Sektglas

Taça de vinho: *O copo ideal tem haste alongada e fina, e bojo em formato de balão. Recomenda-se que seja de cristal fino, sem muita adição de chumbo, totalmente incolor, transparente e liso, e jamais deve ter mais que um terço de sua capacidade preenchida.*

T

Vinhos tintos, em geral, pedem copos grandes. Para os brancos, estes devem ser menores.

[INGL.] wine glass
[ESP.] copa para vino
[FR.] verre à vin, canon
[IT.] bicchiere da vino
[AL.] Weinglas

Taça de vinho branco: *Ver* TAÇA DE VINHO.

[INGL.] white-wine glass
[ESP.] copa para vino blanco
[FR.] verre à vin blanc
[IT.] bicchiere da vino bianco
[AL.] Weißweinglas

Taça de vinho tinto: *Ver* TAÇA DE VINHO.

[INGL.] red-wine glass
[ESP.] copa para vino tinto
[FR.] verre à vin rouge
[IT.] bicchiere da vino rosso
[AL.] Rotweinglas

Tampa corona: *Objeto, idêntico ao das garrafas de refrigerante, utilizado para tampar os espumantes elaborados pelo* MÉTODO CHAMPENOISE. *Nessa técnica, a* SEGUNDA FERMENTAÇÃO *ocorre na própria garrafa.*

[INGL.] crown cork
[ESP.] tapón corona
[FR.] bouchon couronne
[IT.] tappo corona
[AL.] Kronkorken

Tampa para champanhe: *Acessório para vedação que impede a perda do gás após a abertura da garrafa.*

[INGL.] champagne bottle stopper
[ESP.] tapón de champaña
[FR.] bouchon à champagne
[IT.] tappo per champagne
[AL.] Sektkorken

Tânico: *Vinho rico em* TANINO.

[INGL.] tannic
[ESP.] tánico
[FR.] tannique
[IT.] tannico
[AL.] tanninhaltig

Taninização: *Ver* ADIÇÃO DE TANINO.

Tanino: *Substância adstringente encontrada nas cascas, nas sementes e no* ENGAÇO *das uvas. É um conservante natural do vinho, também responsável pelo amarelo-alaranjado dos vinhos tintos envelhecidos.*

[INGL.] tannin
[ESP.] tanino
[FR.] tannin, tanin
[IT.] tannino
[AL.] Gerbstoffe

T

Tanque de aço inoxidável: Recipiente metálico usado na VINIFICAÇÃO.

[INGL.] stainless-steel tank
[ESP.] tanque de acero inoxidable
[FR.] citerne en acier inoxydable
[IT.] serbatoio in acciaio inossidabile
[AL.] Edelstahltank

Tartarato: Sal proveniente do ÁCIDO TARTÁRICO, componente natural do vinho.

[INGL.] tartrate
[ESP.] tartrato
[FR.] tartrate
[IT.] tartrato
[AL.] Tartrat

Tastevin: Pequena TAÇA de prata usada pelos sommeliers para provar um vinho. Usa-se pendurada ao pescoço por uma corrente.

[INGL.] tastevin
[ESP.] tastevín
[FR.] tastevin
[IT.] tastevin
[AL.] Probiertasse

Teor alcoólico: Gradação que define o volume percentual de ÁLCOOL existente no vinho. Por exemplo, a expressão 12% v/v indica que uma garrafa de 750ml do produto contém 90ml de ÁLCOOL ETÍLICO.

[INGL.] alcohol content
[ESP.] grado alcohólico
[FR.] teneur alcoolique, teneur en alcool
[IT.] grado alcoolico
[AL.] Alkoholgehalt

Teor de açúcar: Gradação expressa em gramas por litro (g/l). É um dos critérios de CLASSIFICAÇÃO do vinho, que é chamado de SECO quando contiver até 5g/l, de demi-sec ou MEIO SECO quando contiver de 5,1g/l a 20g/l, e de SUAVE quando o teor superar 20g/l. O vinho ESPUMANTE, por sua vez, é designado extra BRUT quando contiver até 6g/l, BRUT, de 6,1g/l a 15g/l, SECO ou sec, de 15,1g/l a 20 g/l, demi-sec, MEIO SECO ou MEIO DOCE, de 20,1g/l a 60g/l, e DOCE, quando o TEOR DE AÇÚCAR for maior que 60g/l.

[INGL.] sugar content
[ESP.] grado de azúcar
[FR.] teneur en sucre
[IT.] grado zuccherino
[AL.] Zuckergehalt

Termômetro para vinho: Instrumento que permite ve-

– 139 –

T

rificar a temperatura de um vinho.

[INGL.] wine thermometer
[ESP.] termómetro para vino
[FR.] thermomètre à vin
[IT.] termometro per vino
[AL.] Weinthermometer

Termorregulação: *Técnica que permite controlar a temperatura das cubas durante a* FERMENTAÇÃO.

[INGL.] thermoregulation
[ESP.] termorregulación
[FR.] thermorégulation
[IT.] termoregolazione
[AL.] Wärmeregulierung

Termovinificação: *Técnica que se baseia em uma elevação rápida e artificial da temperatura do* MOSTO *antes de se iniciar a* FERMENTAÇÃO ALCOÓLICA, *a fim de que se extraia mais coloração.*

[INGL.] thermovinification
[ESP.] termovinificación
[FR.] thermovinification
[IT.] termovinificazione
[AL.] Wärmebehandlung

Terroir: *Palavra francesa aplicada a determinada zona geográfica que goza de características específicas de solo, relevo e clima a qual transmite ao vinho sua originalidade e qualidade.*

[INGL.] terroir
[ESP.] terruño
[FR.] terroir
[IT.] terroir
[AL.] Boden

Terroso: *Vinho com sabor e aroma de terra úmida.*

[INGL.] earthy taste
[ESP.] sabor a tierra mojada, terroso
[FR.] goût de terre humide
[IT.] gusto terroso
[AL.] feuchte Erde

Tim-tim!: *Ver* SAÚDE!

Tina: *Ver* CUBA.

Tinto: *Bebida alcoólica resultante da* FERMENTAÇÃO *do suco de uvas tintas, com as partes sólidas da fruta* – CASCA *e semente.*

[INGL.] red wine
[ESP.] vino tinto
[FR.] vin rouge
[IT.] vino rosso
[AL.] Rotwein

Tipicidade: *Conjunto dos caracteres específicos de um vinho que permitem o reconhecimento de sua origem.*

T

[INGL.] typicity
[ESP.] tipicidad
[FR.] typicité
[IT.] tipicità
[AL.] Typizität

Titulador de acidez total: Ver ACIDÍMETRO.

Tomada de espuma: *Expressão utilizada para identificar o processo natural de* SEGUNDA FERMENTAÇÃO, *durante o qual o* GÁS CARBÔNICO *formado se incorpora lentamente ao* VINHO-BASE.

[INGL.] foam formation
[ESP.] formación de espuma
[FR.] prise de mousse
[IT.] formazione della spuma
[AL.] Kohlensäureentwicklung

Torrada: AROMA *característico de alguns chardonnays amadurecidos em barris de* CARVALHO *novos.*

[INGL.] toast
[ESP.] pan tostado
[FR.] Toast, biscotte, pain grillé
[IT.] pane tostato
[AL.] Toast

Tranquilo: *Vinho que contém pouco* GÁS CARBÔNICO, *ao contrário dos espumantes e frisantes.*

[INGL.] still wine
[ESP.] vino tranquilo
[FR.] vin tranquille
[IT.] vino tranquillo
[AL.] stiller Wein

Trasfega, baldeação: *Operação que consiste em separar o vinho de sua* BORRA, *transferindo-o de um recipiente para outro.*

[INGL.] racking, devatting
[ESP.] trasiego
[FR.] transvasage, soutirage, décuvage
[IT.] travaso
[AL.] Abstich, Abzug, Abziehen

Troca de íons: *Técnica utilizada para promover a* ESTABILIZAÇÃO *tartárica dos vinhos.*

[INGL.] ion exchange
[ESP.] cambio iónico
[FR.] échange d'ions
[IT.] scambio di ioni
[AL.] Ionenaustausch

Turvo: *Vinho sem* LIMPIDEZ; *com impurezas.*

[INGL.] cloudy, flocculent, dull
[ESP.] turbio, velado
[FR.] trouble, turbide, flou
[IT.] torbido, losco
[AL.] trüb

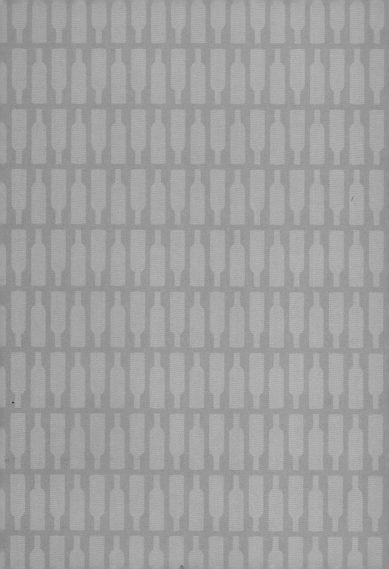

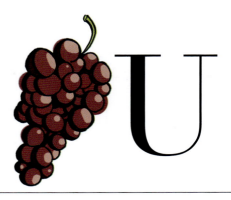

Untuoso: *Termo usado para designar um vinho rico em* GLICERINA, *com maciez predominante.*

[INGL.] unctuous
[ESP.] untuoso
[FR.] onctueux
[IT.] untuoso
[AL.] geschmeidig

Uva: *Matéria-prima utilizada na elaboração de vinhos, é fruto da* VITIS VINIFERA. *Desenvolve-se em cachos compostos pelos engaços, parte lenhosa, e pelos bagos, parte carnuda.*

[INGL.] grape
[ESP.] uva
[FR.] raisin
[IT.] uva
[AL.] Traube

Uva branca: *Fruto da videira que pode ter cor verde, amarela ou avermelhada. As principais variedades brancas da* VITIS VINIFERA *são: Aligoté, Alvarinho, Chardonnay, Chasselas, Chenin Blanc, Gewürztraminer, Malvasia, Müller Thurgau, Muscadelle, Muscat, Palomino, Pinot Blanc, Riesling Italic, Riesling Renano, Sauvignon Blanc, Sémillon, Silvaner, Trebbiano e Vernaccia.*

U

[INGL.] white wine grape
[ESP.] uva blanca
[FR.] raisin blanc
[IT.] uva bianca
[AL.] weißweintraube

Uva de mesa: *Fruto da videira destinado ao consumo.*

[INGL.] table grape
[ESP.] uva de mesa
[FR.] raisin de table
[IT.] uva da tavola
[AL.] Tafeltraube

Uva de vinho: *Ver* UVA PARA VINIFICAÇÃO.

Uva fresca: *Fruto recém--colhido da parreira.*

[INGL.] fresh grape
[ESP.] uva fresca
[FR.] raisin frais
[IT.] uva fresca
[AL.] frische Traube

Uva para vinificação, uva de vinho: *Fruto da videira empregado na elaboração de vinhos. Existe em inúmeras variedades e exige* CULTIVO *e manipulação especiais. Pode ser classificada em* UVA *para vinho corrente – com baixos teores de* AÇÚCAR *e* ACIDEZ *–, uva para* VINHO DE MESA *– com teores de* AÇÚCAR *entre 18% e 21,5% e 5,5% a 8% de* ACIDEZ *– e uva para grandes vinhos – com 19% a 21% de* AÇÚCAR *e 5% a 7% de* ACIDEZ.

[INGL.] wine grape
[ESP.] uva de vinificación, uva de vino
[FR.] raisin de cuve
[IT.] uva da vino
[AL.] Keltertraube, Weinbeere, Weintraube

Uva tinta: *Fruto da videira que pode ter cor azulada, vermelha, arroxeada ou quase negra. As principais variedades tintas da* VITIS VINIFERA *são: Barbera, Bonarda, Cabernet Franc, Cabernet Sauvignon, Canaiolo, Carignan, Carmenère, Gamay, Grenache, Grignolino, Lambrusco, Malbec, Merlot, Nebbiolo, Petit Verdot, Petite Syrah, Pinot Noir, Pinotage, Sangiovese, Syrah, Tannat, Tempranillo, Touriga Nacional, Touriga Francesa e Zinfandel.*

[INGL.] red wine grape
[ESP.] uva tinta
[FR.] raisin noir
[IT.] uva nera
[AL.] Rotweintraube

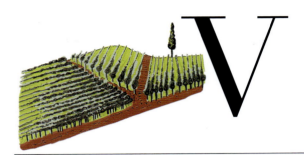

Varietal: *Vinho feito com uma só variedade de* UVA *ou, se for elaborado no Brasil, com o mínimo de 75% da variedade de* UVA *declarada no* RÓTULO. *O percentual mínimo da principal* UVA *usada é regulamentado por lei que varia de um país para outro, ou de um estado para outro nos Estados Unidos.*

[INGL.] varietal
[ESP.] varietal
[FR.] variétal
[IT.] varietale, monocepage
[AL.] Varietal

Vazio:[1] *Espaço que se encontra entre a superfície do vinho e a* ROLHA.

[INGL.] flatness
[ESP.] espacio de cabeza, vacío
[FR.] vide
[IT.] spazio di testa, vuoto di testa
[AL.] Leerraum

Vazio,[2] **oco:** *Vinho sem* CORPO, INSÍPIDO.

[INGL.] hollow, shallow
[ESP.] vacío
[FR.] creux
[IT.] vuoto
[AL.] hohl, gehaltlos

V

Vegetal: *Qualificação dada a uma das famílias de aromas de um vinho encontrada nos vegetais: planta rasteira, hortaliça, aspargo, azeitona etc.*

[INGL.] vegetal
[ESP.] vegetal
[FR.] végétal
[IT.] vegetale
[AL.] Gemüse

Velado: *Diz-se de um vinho com pouca* LIMPIDEZ.

[INGL.] dull
[ESP.] velado
[FR.] voilé
[IT.] velato
[AL.] trübe

Velho: *Termo utilizado para descrever um vinho* MADURO, *que conserva suas melhores qualidades apesar da idade.*

[INGL.] old
[ESP.] viejo
[FR.] vieux
[IT.] vecchio
[AL.] alt

Verde: *Vinho português produzido em região demarcada ao norte de Portugal e denominada Região dos Vinhos Verdes.* TINTO *ou* BRANCO, ACÍDULO, *levemente* ESPUMANTE, *deve ser consumido no máximo dois anos após a* COLHEITA.

[INGL.] green wine
[ESP.] vino verde
[FR.] vin vert
[IT.] vino verde
[AL.] unreifer Wein

Vermute: *Vinho macerado – com componentes secos que agregam sabor e* AROMA – *e* FORTIFICADO, *para elevar sua graduação alcoólica.*

[INGL.] vermouth
[ESP.] vermut, vermú
[FR.] vermouth
[IT.] vermouth
[AL.] Wermut

Vigoroso: *Termo usado para designar um vinho saudável, jovial e* FIRME.

[INGL.] vigorous
[ESP.] vigoroso
[FR.] vigoureux
[IT.] vigoroso
[AL.] kräftig, stark

Vinário: *Relativo ao vinho, próprio para conter vinho.*

[INGL.] wine
[ESP.] vínico
[FR.] vinaire, vinique
[IT.] vinico
[AL.] Wein

V

Vindima: COLHEITA *dos cachos da videira.*

[INGL.] harvest, grape harvest
[ESP.] vendimia, cosecha
[FR.] vendange, récolte, vinée
[IT.] vendemmia, raccolta
[AL.] Weinlese, Ernte

Vingamento da flor: *Aparecimento dos bagos de* UVA *após a* FLORAÇÃO.

[INGL.] setting
[ESP.] cuajado, granazón
[FR.] nouaison
[IT.] allegagione
[AL.] Fruchtansatz

Vinha: *Plantação de videiras.*

[INGL.] vine
[ESP.] viña
[FR.] vigne
[IT.] vigna
[AL.] Weinstock

Vinha americana: *As mais conhecidas são* labrusca, riparia *e* estivalis. *São mais resistentes que as viníferas, produzem maior quantidade, mas sua qualidade é inferior.*

[INGL.] American vine
[ESP.] vid americana
[FR.] vigne américaine
[IT.] vite americana
[AL.] Amerikanerreben

Vinha europeia: *O mesmo que* VITIS VINIFERA.

[INGL.] European vine
[ESP.] vid europea
[FR.] vigne européenne
[IT.] vite europea
[AL.] europäische Rebe

Vinhedo: *Conjunto de vinhas cultivadas em uma região.*

[INGL.] vineyard
[ESP.] viñedo
[FR.] vignoble
[IT.] vigneto
[AL.] Weinbaugebiet

Vinho: *Bebida alcoólica resultante da* FERMENTAÇÃO *do suco de uvas frescas e maduras.*

[INGL.] wine
[ESP.] vino
[FR.] vin
[IT.] vino
[AL.] Wein

Vinho-base: *Bebida com maior* ACIDEZ *e menor* TEOR ALCOÓLICO, *da qual são elaborados destilados, espumantes, vinagres e vinhos medicinais.*

[INGL.] basic wine
[ESP.] vino base
[FR.] vin de base
[IT.] vino base
[AL.] Grundwein

V

Vinho de assados: *Bebida apropriada para acompanhar carnes assadas.*

[INGL.] roast wine
[ESP.] vino para acompañar carne
[FR.] vin de rôti
[IT.] vino d'arrosto
[AL.] Bratenwein

Vinho de cama: *Ver* VINHO DE PASSAS.

Vinho de fruta: *Bebida elaborada do suco de outras frutas, como* MAÇÃ *ou pera, além da* UVA.

[INGL.] fruit wine
[ESP.] vino de fruta
[FR.] vin de fruit
[IT.] vino di frutta
[AL.] Obstwein, Fruchtwein

Vinho de garagem: *O nome vem da forma de produção. As uvas são cultivadas em pequenas plantações. As prensas do fruto e os barris para* ENVELHECIMENTO *do vinho ficam em galpões do tamanho de uma garagem. A produção muito pequena faz com que o vinho produzido atinja grande valor de mercado.*

[INGL.] vin de garage
[ESP.] vin de garage, vino de garage
[FR.] vin de garage
[IT.] vin de garage
[AL.] Garagenwein

Vinho de gota: *Bebida feita com a primeira* PRENSAGEM *da* UVA *ou que escorre por gravidade. É a melhor parte do suco (*free-run juice*).*

[INGL.] first pressing, free-run, light pressing
[ESP.] vino de lagrima, vino flor
[FR.] vin de goutte, vin d'égouttage, vin de tête (Sauternes)
[IT.] vino fiori, lacrima
[AL.] Vorlauf

Vinho de guarda: *Bebida que se presta a longo* ENVELHECIMENTO EM GARRAFA *e tende a evoluir com o tempo, alcançando o auge alguns anos depois da* VINIFICAÇÃO.

[INGL.] wine for ageing
[ESP.] vino de guarda
[FR.] vin de garde
[IT.] vin de garde
[AL.] Largewein

Vinho de meditação: *Bebida ideal após a refeição. Um vinho* DOCE *ou* TINTO *mais* ENCORPADO.

– 148 –

V

[INGL.] meditation wine
[ESP.] vino de meditación
[FR.] vin de méditation
[IT.] vino da meditazione
[AL.] Meditationswein

Vinho de mesa, vinho de pasto: *Bebida elaborada com uvas comuns, com* TEOR ALCOÓLICO *entre 8,6°g/l e 14°g/l, tem características apropriadas para acompanhar a refeição.*

[INGL.] table wine
[ESP.] vino de mesa
[FR.] vin de table
[IT.] vino da tavola
[AL.] Tischwein

Vinho de missa, vinho litúrgico: *Bebida feita exclusivamente com uvas. Tem alto* TEOR ALCOÓLICO.

[INGL.] mass wine, altar wine
[ESP.] vino de misa
[FR.] vin de messe
[IT.] vino da messa
[AL.] Messwein

Vinho de palmeira: *Bebida produzida da seiva de algumas palmeiras.*

[INGL.] palm wine, toddy
[ESP.] vino de palmera
[FR.] vin de palme
[IT.] vino da palma
[AL.] Palmwein

Vinho de passas, vinho de cama: *Bebida elaborada com uvas desidratadas.*

[INGL.] raisin wine, straw-wine
[ESP.] vino asoleado, vino de uva pasa
[FR.] vin de raisins passerillé, vin de paille
[IT.] passito, vino di paglia, vino santo
[AL.] Trockenbeerenauslese, Strobwein

Vinho de pasto: *Ver* VINHO DE MESA.

Vinho de prensa: *É um* TINTO *rico em taninos, obtido por* PRENSAGEM.

[INGL.] press wine
[ESP.] vino de prensa
[FR.] vin de presse, treuillis (Bordeaux), treuillage (Borgonha)
[IT.] vino di spremitura
[AL.] Scheitermost

Vinho de qualidade: *Bebida produzida em região delimitada, sujeita a regras mais rígidas quanto à procedência e às variedades de uvas utilizadas, quanto ao método de* VINIFICAÇÃO, *ao* TEOR ALCOÓLICO, *à* MATURAÇÃO *e ao tempo de* ENVELHECIMENTO.

V

[INGL.] quality wine
[ESP.] vino del calidad
[FR.] vin de qualité
[IT.] vino di qualità
[AL.] Edelwein, Qualitätswein

Vinho de sobremesa: DOCE, *é ótimo para acompanhar a sobremesa. Entre os mais famosos estão o francês Sauternes e o alemão Trockenbeerenauslesen.*

[INGL.] dessert wine
[ESP.] vino de postre
[FR.] vin de dessert
[IT.] vino da dessert
[AL.] Dessertwein

Vinho do Porto: *O mais* NOBRE *dos vinhos portugueses é produzido na região demarcada do Alto Douro.* FORTIFICADO *pela adição de* AGUARDENTE VÍNICA, *é envelhecido em tonéis de* CARVALHO *ou em garrafas, por muitos anos.* TINTO *ou* BRANCO, *recebe classificações distintas de acordo com o método de* ENVELHECIMENTO *e a idade: white, ruby, tawny, tawny com idade, tawny colheita, crusted, lbv (late bottled vintage), vintage character, vintage de quinta e vintage.*

[INGL.] Port wine, Port, Porto
[ESP.] Oporto
[FR.] vin de Porto
[IT.] vino di Porto
[AL.] Portwein

Vinho doce natural: *Ver* FORTIFICADO.

Vinho em taça: *Oferecido em doses, é mantido em máquinas climatizadoras que o conservam inalterado.*

[INGL.] glass of wine
[ESP.] copa de vino
[FR.] vin au verre
[IT.] vino al bicchiere
[AL.] Schoppenwein

Vinho engarrafado: *Vinho que foi colocado em uma garrafa.*

[INGL.] bottled wine
[ESP.] vino en botella
[FR.] vin en bouteille
[IT.] vino in bottiglia
[AL.] Flaschenwein

Vinho litúrgico: *Ver* VINHO DE MISSA.

Vinho quente: *Bebida servida com pedaços de frutas, aquecida com* AÇÚCAR *e especiarias.*

V

[INGL.] mulled wine
[ESP.] sangría caliente
[FR.] vin chaud
[IT.] vin brulé
[AL.] Glühwein

Vinícola: *Empresa que produz e/ou comercializa vinhos.*

[INGL.] cellar, winery, wine company
[ESP.] bodega
[FR.] cave, maison de vin
[IT.] cantina
[AL.] Weinkeller

Vinicultura: *Conjunto de práticas enológicas adotadas no processo de elaboração,* CLASSIFICAÇÃO, ESTABILIZAÇÃO, AMADURECIMENTO *e* ENVELHECIMENTO *do vinho.*

[INGL.] viniculture, wine-making
[ESP.] vinicoltura
[FR.] viniculture, vinification
[IT.] vinificazione
[AL.] Weinkunde, Weinausbau

Vinificação: *Operação que consiste na transformação do* MOSTO *de uvas em vinho.*

[INGL.] vinification
[ESP.] vinificación
[FR.] vinification
[IT.] vinificazione
[AL.] Weinbereitung

Vinificação em branco: *Operação que consiste na produção de um vinho pela* FERMENTAÇÃO ALCOÓLICA *de um* MOSTO, *obtido de uma variedade branca ou tinta, na ausência das partes sólidas da* UVA – CASCA *e semente.*

[INGL.] white wine-vinification
[ESP.] vinificación en blanco
[FR.] vinification en blanc
[IT.] vinificazione in bianco
[AL.] Weißweinbereitung

Vinificação em rosado, vinificação em *rosé*: *Operação que consiste na produção de um vinho pela* FERMENTAÇÃO ALCOÓLICA *de um* MOSTO, *obtido de uma variedade tinta, na presença das partes sólidas da* UVA – CASCA *e semente – que são retiradas tão logo a cor rósea seja alcançada.*

[INGL.] rosé-wine vinification
[ESP.] vinificación en rosado
[FR.] vinification en rosé
[IT.] vinificazione in rosato
[AL.] Roséweinbereitung

Vinificação em *rosé*: *Ver* VINIFICAÇÃO EM ROSADO.

V

Vinificação em tinto: *Operação que consiste na produção de um vinho pela* FERMENTAÇÃO ALCOÓLICA *de um* MOSTO, *obtido de uma variedade tinta, na presença das partes sólidas da* UVA – CASCA *e semente.*

[INGL.] red wine-vinification
[ESP.] vinificación en tinto
[FR.] vinification en rouge
[IT.] vinificazione in rosso
[AL.] Rotweinbereitung

Vinificar: *Transformar a* UVA *em vinho.*

[INGL.] vinify, to
[ESP.] vinificar
[FR.] vinifier
[IT.] vinificare
[AL.] vinifizieren

Vinômetro: *Instrumento utilizado na medição do* TEOR ALCOÓLICO *do vinho.*

[INGL.] vinometer
[ESP.] vinómetro
[FR.] vinomètre
[IT.] vinometro
[AL.] Alkoholmesser

Viril, masculino: *Vinho bem* ESTRUTURADO, TÂNICO *e* FORTE.

[INGL.] masculine
[ESP.] viril, masculino
[FR.] viril, masculin
[IT.] virile
[AL.] männlich

Viticultor: *Pessoa que se dedica ao* CULTIVO *e à* COLHEITA *da* VINHA.

[INGL.] viticulturist, vine grower
[ESP.] viticultor
[FR.] viticulteur, vigneron
[IT.] viticoltore, vignaiolo
[AL.] Weinbauer, Winzer

Viticultura: *Cultura das vinhas.*

[INGL.] viticulture
[ESP.] viticultura
[FR.] viticulture
[IT.] viticoltura
[AL.] Weinbau

***Vitis vinifera*, vinha europeia:** *Espécie botânica de uvas destinadas à produção de vinhos de qualidade com milhares de variedades. É cultivada nas principais regiões produtoras de vinhos do mundo.*

[INGL.] vitis vinifera, European vine
[ESP.] vitis vinifera
[FR.] vitis vinifera, vigne européene
[IT.] vitis vinifera, vite europea
[AL.] Vitis Vinifera

V

Vivo: *Diz-se de um vinho refrescante.*

[INGL.] lively, crisp, zippy, zingy
[ESP.] vivo
[FR.] vif, alerte, vivace, fringant
[IT.] vivace
[AL.] lebhaft

Volta: *Doença de origem bacteriana que ataca os vinhos e provoca a perda do* ÁCIDO TARTÁRICO.

[INGL.] tourne
[ESP.] vuelta
[FR.] tourne
[IT.] girato
[AL.] Umschlagen

VQPRD: *Sigla para Vinho de Qualidade Produzido em Região Determinada. Essa* CLASSIFICAÇÃO *é adotada em Portugal e na União Europeia.*

[INGL.] QLWPSR (Quality Licorous Wine Produced in a Specified Region)
[ESP.] VCPRD (Vino de Calidad Producido en una Región Determinada)
[FR.] VQPRD (Vin de Qualité Produit dans une Région Déterminée)
[IT.] VQPRD (Vino di Qualità Prodotto in Regione Determinata)
[AL.] Q.b.A. (Qualitätswein bestimmten Anbaugebiet)

Vulgar: *Denominação dada a um vinho sem qualidade.*

[INGL.] vulgar
[ESP.] vulgar
[FR.] vulgaire
[IT.] volgare
[AL.] ordinär

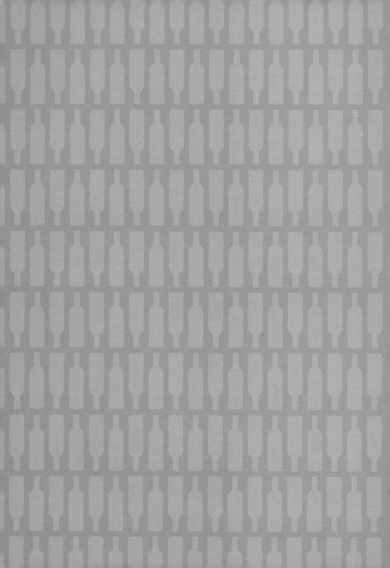

Xarope de dosagem: *Ver* LICOR DE EXPEDIÇÃO.

Xaroposo: *Vinho demasiado* DOCE; *enjoativo.*

[INGL.] syrupy
[ESP.] siruposo
[FR.] sirupeux
[IT.] sciropposo
[AL.] sirupartig

Xerez: *O mais* NOBRE *dos vinhos espanhóis, produzido na região demarcada de Jerez de la Frontera, cidade que lhe deu o nome. Vinho* FORTIFICADO *pela adição de* AGUARDENTE VÍNICA, *é envelhecido em tonéis de* CARVALHO *pelo método* SOLERA. *Existem oito tipos principais de Xerez, a saber:* amontillado, cream, fino, manzanilla, oloroso, pale cream, palo cortado *e* Pedro Ximénez.

[INGL.] Sherry, Jerez
[ESP.] Jerez
[FR.] Xérès
[IT.] Xeres
[AL.] Sherry

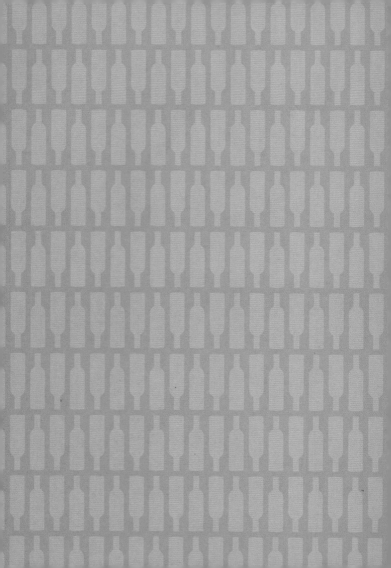

Zagreu: *Deus grego, filho de Zeus e de Perséfone. Pode ter sido o primeiro* DIONÍSIO *ou* BACO.

[INGL.] Zagreus
[ESP.] Zagreo
[FR.] Zagreus
[IT.] Zagreo
[AL.] Zagreus

Zimase: *Conjunto de enzimas que catalisam a transformação da* GLICOSE *e da* FRUTOSE *em* ÁLCOOL ETÍLICO *durante a* FERMENTAÇÃO ALCOÓLICA.

[INGL.] zymase
[ESP.] zimasa
[FR.] zymase
[IT.] zimasi
[AL.] Zymase

Zurrapa: *Diz-se do vinho estragado.*

[INGL.] pricked wine, paint stripper, vino (U.S.), plonk (U.K.)
[ESP.] vinucho, zupia, peleón,
[FR.] vinasse, vinelle, pinard, pipi de chat
[IT.] vinaccio
[AL.] Krätzergros

duas taças e a conta:
dicas e curiosidades do mundo do vinho

Aqui você vai encontrar algumas boas e breves histórias que têm o vinho como personagem principal ou coadjuvante (daqueles que roubam a cena). Deguste estas doses de curiosidade de preferência na companhia de um bom vinho.

Como resolver, de forma pacífica, disputas de território? Muito simples: coloque seus melhores cavaleiros para correr e seja esperto ao escolher seus galos. Foi assim que as cidades italianas de Siena e Florença demarcaram suas fronteiras ou, melhor dizendo, encerraram a disputa pela região de Chianti, produtora do vinho de mesmo nome. Um cavaleiro partiria de Siena em direção a Florença e outro viria na direção oposta, assim que o galo cantasse. O ponto em que os dois se encontrassem seria a fronteira entre as duas cidades. No dia marcado, o cavaleiro florentino disparou na frente chegando quase a entrar em Siena. O galo preto, esquálido e faminto, escolhido pelos florentinos, cacarejou antes de o sol nascer. Já o galo branco, gordinho e saudável de Siena, deve estar dormindo até agora. O intrépido galinho preto estampa, até hoje, o selo do Consorzio Chianti Classico responsável pela produção desse famoso vinho italiano.

Thomas Jefferson (1743-1826), estadista, arquiteto, filósofo, político, principal autor da Declaração de Independência Americana, foi três vezes presidente dos Estados Unidos da América e também embaixador de seu país na França. Foi em território francês que ele aprimorou seu lado gourmet. Apaixonado por vinhos, fez longas viagens por aquele país e outras regiões vinícolas europeias – sempre acompanhado de uma pequena maleta em que não podia faltar um bom saca-rolhas –, de onde costumava enviar para a Casa Branca os melhores vinhos que degustava. Certa vez, antes de regressar à sua terra natal, despachou um lote particularmente precioso de vinhos franceses para si mesmo que nunca chegou ao destino. Entre as garrafas, um Château Lafite (1787), que, em 5 de dezembro de 1985, foi leiloado pela respeitada casa de leilões Christie's, de Londres, por US$ 156 mil, desembolsados por Malcolm Forbes, herdeiro da revista *Forbes*.

Começo do século I. De um lado, Caio Mário, bravo guerreiro, comandante das legiões urbanas, eleito seis vezes consecutivas cônsul. Do outro, Lúcio Cornélio Sila, de família pobre, mas de nobre casta. Ambos protagonistas de uma das piores guerras sociais a que Roma assistiu e que se arrastou por dez anos. No meio dessa disputa, Marco Antônio, entusiasta de Sila, caçado por Caio Mário, busca refúgio na casa de uma família pobre e humilde. O anfitrião, sentindo-se honrado, compra um vinho à altura do ilustre hóspede. O vendedor, curioso em saber quem seria o merecedor de tamanha distinção, acaba por descobrir a identidade de Marco Antônio. Horas depois, soldados enviados por Caio Mário chegam ao local, e Marco Antônio é decapitado.

Nascido Horatio Nelson (1758-1805), em Burnham Thorpe, Norfolk, Lord Nelson ingressou na Marinha Real Britânica pelas mãos do tio. Recebeu os títulos de barão, duque, visconde e foi consagrado cavaleiro graças a sua carreira bélica. Estrategista brilhante, venceu espanhóis e franceses na famosa batalha de Trafalgar. Tão retumbante vitória fez com que Napoleão Bonaparte nunca mais pensasse em invadir a Inglaterra. A vitória, porém, custou-lhe a vida. Contrariando o costume entre os marinheiros mortos em combate, seu corpo não foi jogado ao mar. Ficou decidido que seria levado de volta à sua terra natal. Para preservá-lo na viagem de retorno, que levaria semanas, resolveram colocá-lo em um barril de conhaque. Diz a lenda que os marinheiros responsáveis pela vigília do corpo, privados de sua porção diária de álcool, não titubearam em sorver algumas doses do barril em que estava o cadáver de Nelson, as quais ficaram conhecidas como "os goles do almirante".

Fique atento: vinho aberto na geladeira tem duração limitada. Segundo o especialista Eduardo Viotti, "espumantes, mesmo quando rearrolhados, duram pouco. Algumas horas, apenas. Brancos leves também têm sobrevida efêmera depois de abertos. No máximo, 24 horas. Tintos duram mais. O procedimento é arrolhar a garrafa parcialmente consumida e colocá-la na geladeira. Um tinto nessas condições pode chegar a dois, três, no máximo cinco dias em condições de ser reaproveitado."

É fato que o champanhe Cristal foi criado em 1867 por solicitação do czar Alexandre II da Rússia à Casa Louis Roederer, uma das mais importantes maisons desse tipo de vinho, fundada em 1776. No entanto, é versão floreada que, incomodado com o fato de a bebida ir à mesa embrulhada em um guardanapo de linho branco, impedindo sua identificação, o czar teria exigido que seu champanhe pessoal fosse colocado em garrafas de puro cristal de Baccarat, para que a maravilhosa cor não fosse escondida. Verdade mesmo é que, depois de uma bomba ter explodido na sala de jantar de seu palácio de inverno, Alexandre II exigiu que a garrafa produzida fosse incolor e com fundo reto porque assim não se poderia esconder em seu interior qualquer artefato que atentasse contra sua vida.

A sabragem, do francês *sabrage*, foi imortalizada por Napoleão Bonaparte e seus homens, que costumavam comemorar suas vitórias com champanhes abertos com golpes de sabre. Para assegurar o sucesso da abertura, a garrafa tem de estar bem gelada e não pode ser sacudida em hipótese alguma, para que a pressão interna não aumente. A segunda etapa consiste em remover toda a cápsula. Com uma das mãos, a pessoa deve segurar a garrafa na base, colocando o dedo polegar no fundo desta, que tem de ficar inclinada para cima e para frente. A outra mão segura o sabre. Depois, é preciso encontrar a emenda de vidro das metades que formam a garrafa. Para isso, o fio ou o dorso da lâmina do sabre tem de acertar essa emenda com um único golpe firme e preciso, que quebrará a garrafa na base do gargalo. Feito isso, o impacto do sabre, aliado à pressão interna, impulsionará o líquido para bem longe.

O escritor francês Alexandre Dumas (1802-1870), grande romancista, *bon-vivant* assumido e autor dos livros *Os três mosqueteiros*, *O conde de Monte Cristo* e *O grande dicionário de cozinha*, temperava suas sopas com vinho. Ele costumava dizer que "as carnes não são mais que o lado material". O vinho, por sua vez, "é a parte intelectual". Taillevent (1310-1395), autor de *Le Viandier*, primeiro tratado de cozinha em língua francesa, escrito no século XV, e também de inúmeras receitas, frequentemente recorria ao vinho como tempero.

Por volta de 1110, o bispo Johannes di Fugger foi convidado para a cerimônia de coroação do imperador Henrique V, em Roma. Apreciador dos prazeres da boa mesa, particularmente, de um bom vinho, instruiu um empregado de nome Martin a partir com uns dias de antecedência para descobrir, ao longo do caminho, as tabernas que servissem a melhor bebida. Martin, ao encontrá-las, deveria escrever *Est*, na porta de entrada. Ao chegar na pequena vila de Montefiscone, Fugger se deparou com um *Est! Est!! Est!* na porta de uma taberna local. Dizem que o bispo sequer seguiu viagem. Permaneceu no vilarejo bebendo seu vinho até o fim dos seus dias e ainda está lá. Seu túmulo fica na igreja de San Flaviano com a inscrição feita por Martin: "Por conta de muito *Est! Est!! Est!*, meu mestre Johannes morreu aqui." O DOC *Est! Est!! Est!*, de Montefiascone, é um blend das uvas Malvasia e Trebbiano.

Regra de ouro no serviço de vinhos: os mais jovens antes dos mais envelhecidos; os mais leves antes dos mais potentes; os refrescados antes dos servidos à temperatura ambiente; e os secos antes dos doces.

E pensar que o início da produção de um dos grandes ícones entre os vinhos da França é obra da quinta e última esposa de Carlos Magno, Luitgard. Homem grande e forte, o imperador era moderado no comer e também no beber – abominava a bebedeira em qualquer pessoa. Suas refeições normalmente consistiam em quatro pratos e assados que seus homens de caça costumavam trazer em espeto. Raramente se permitia mais de três copos de vinho tinto às refeições. Preocupada em manter imaculada a imagem do imperador já sexagenário, Luitgard sugeriu que ele parasse de tomar vinhos tintos, pois sua farta barba branca tingia-se facilmente. Em 775, para satisfazer os caprichos da imperatriz, Carlos Magno resolveu doar um lote de terras para os monges da Abadia de Saulieu e ordenou que uvas brancas fossem plantadas em uma parte da colina. Surgia, assim, a denominação Corton-Charlemagne (*corton*, colina, *Charlemagne*, Carlos Magno), um dos vinhos brancos mais famosos do mundo. O vinhedo, hoje Grand Cru, está localizado entre as aldeias de Aloxe--Corton, Pernand-Vergelesses e Ladoix-Serrigny, na Cotê de Beaune, região vinícola de Borgonha.

Um vinho que restaura a vitalidade, a força e a saúde? Coadjuvante no tratamento da gripe, anemia, malária, insônia, indigestão, impotência e melancolia? Pois é, acreditando piamente nisso, o químico francês Angelo Mariani criou o Vin Mariani – mistura de vinhos de Bordeaux e folhas de coca. Entre seus entusiastas, os papas Leão XII – que julgava Mariani um benfeitor da humanidade e lhe presenteou com uma medalha de ouro – e Pio X. Santo pecado! E também Thomas Edison. Santa iluminação! E a rainha Victória da Grã-Bretanha e Irlanda. *God save the queen!* E Livadia, imperatriz da Rússia, Henrik Ibsen (dramaturgo norueguês), Alberto Santos Dumont, Sarah Bernhardt, Julio Verne, Émile Zola, Alexandre Dumas, Bartholdi (escultor da Estátua da Liberdade) e muitas outras celebridades.

O Château Mouton Rothschild, um Premier Grand Cru Classé, é também famoso por seus rótulos que, desde 1945, mudam a cada ano, criados por diferentes artistas – Dali, Miró, Chagall, Picasso, Warhol e Delaux, só para citar alguns – que recebem, como forma de pagamento, vinhos da colheita que ilustram. Em 1993, um de seus rótulos trazia um nu artístico de autoria de Balthus que chegou a ser censurado nos Estados Unidos. A modelo foi considerada jovem demais, e as garrafas do vinho passaram a ser vendidas com uma tarja branca no lugar da pintura.

Inimigos mortais dos bons vinhos: alcachofra, alcaparra, alho, aspargo, espinafre, azeitona, amendoim, ovo, sopa, vinagre, vinagrete, frutas ácidas, azedinha, *curry*, raiz forte, chocolate, pratos da culinária mexicana, indiana e tailandesa, e peixes e frutos do mar. Para não ficar a seco, opte por champanhe ou espumante.

Visionárias, determinadas, competentes. São as adoráveis viúvas de Champagne: Nicole Barbe Clicquot, Mathilde Perrier, Camille Olry Roederer, Louise Pommery e Lily Bollinger. As grandes maisons devem muito a elas. Madame Clicquot conquistou o mercado russo em 1844 e, ao falecer, sua maison já produzia anualmente 3 milhões de garrafas. Por 38 anos, Mathilde Perrier conduziu seus negócios até a Primeira Guerra Mundial, quando a produção bateu a casa das 600 mil garrafas por ano. Camille Olry Roederer uniu o útil ao agradável ao comemorar a vitória de um de seus cavalos em uma corrida com uma festa regada a champanhe. Sábia marqueteira, virou alvo de comentários de toda a sociedade francesa. Com dois filhos pequenos, Louise Pommery assumiu o controle da empresa e criou o que seria o primeiro brut da História. Lily Bollinger, chiquérrima em seu *tailleur* de *tweed*, percorria os vinhedos a bordo de uma bicicleta – faltava combustível à época, na França dominada pelos alemães. À frente de seu negócio, atingiu a marca de 1 milhão de garrafas por ano.

Corpo escultural, dentes branquíssimos, linda, caprichosa e sensual. De três meninas, era a preferida do irmão Napoleão, que a chamava carinhosamente de Paoletta. Desde jovem, Maria Paola Bonaparte já causava alvoroço por onde passava; homens enlouqueciam por ela. Promovia orgias, e era considerada ninfomaníaca e lésbica. Rumores davam conta de um suposto relacionamento incestuoso com o irmão. Casou-se duas vezes e morreu cedo, aos 45 anos, sem deixar descendentes. Imortalizada seminua em uma escultura de mármore de Antonio Canova – conhecida como Vênus Victrix –, costumava dizer que morangos e champanhe são os parceiros ideais na arte da sedução.

Na hora de escolher o copo, tanto para vinhos tintos quanto para brancos, tenha em mente que o melhor é o de cristal fino, com hastes alongadas para que se consiga segurá-lo sem que os dedos toquem a taça; incolor, para que se possa admirar a cor do vinho; com bojo em formato de balão, para reter os aromas da bebida e canalizá-los para o nariz; e com volume aproximado de 400ml, que permite ao vinho girar para liberar seus aromas.

Os antigos romanos chamavam o suco de uva fermentado de *vinum*, fonte não só do inglês *wine* – registrado pela primeira vez no século IX –, mas também do *wein* alemão, do holandês *wijin*, do dinamarquês, do suíço e do francês *vin*; do russo, do italiano e do espanhol *vino*; do português *vinho* e do galês *gwin*. A palavra latina para vinho – *vinum* – também deu origem a *vinea*, nome romano para vinha, adotado também pelo francês como *vigne*, que designa planta rasteira.

Há dois mil anos, Júlio César deu seu nome a uma cidade espanhola ao sul de Andaluzia: a Urbs Caesaris, Cidade de Cesar. Abandonada séculos depois, passou a ser chamada pelos habitantes locais de Xeres (que, mais tarde, se tornaria Jerez, seu nome atual). Foi em Jerez que um dos mais célebres vinhos fortificados do mundo começou a ser produzido em diferentes estilos pelo sistema *solera*, uma mistura gradativa de vinhos novos com vinhos mais antigos. Em 1587, Martin Fobisher, um dos tenentes do corsário Francis Drake, após destruir o porto de Cadiz, retornou à sua terra natal com 3 mil barris desse cobiçado vinho. Dizem ter feito uma pequena fortuna ao comercializar essa preciosidade com seus compatriotas.

Por acreditar nas qualidades terapêuticas do Armagnac, o Prior Vital Dufour escreveu, por volta de 1310, um tratado médico enaltecendo as qualidades da mais antiga *eau-de-vie* francesa. O Armagnac anima o espírito, recupera a memória, torna os homens mais felizes, conserva a juventude e retarda a velhice. A lista completa, que traz quarenta virtudes, está a salvo nos arquivos do Vaticano.

referências bibliográficas

ALBERT, Aguinaldo Záchia. *Borbulhas: tudo sobre champanhe*. 1. ed. São Paulo: Editora Senac São Paulo, 2008.

AMARANTE, Osvaldo Albano do. *Os segredos do vinho*. São Paulo: Mescla Editorial, 2005.

BEATO, Manuel. *Guia de vinhos Larousse*. São Paulo: Larousse do Brasil, 2006.

BERNARDO, Enrico. *A arte de degustar o vinho*. São Paulo: Companhia Editora Nacional, 2006.

BORGES, Euclides Penedo. *ABC ilustrado da vinha e do vinho*. 2. ed. Rio de Janeiro: Mauad Editora, 2006.

_____. *Cento e dez curiosidades sobre o mundo dos vinhos: noite adentro com aromas e sabores*. 2. ed. Rio de Janeiro: Mauad Editora, 2006.

BOSSI, Giancarlo. *Teoria e prática de degustação de vinhos*. Rio de Janeiro: Espaço e Tempo, 1966.

BROOK, Stephen. *A century of wine: the story of a wine revolution*. Londres: Mitchell Beazley, 2000.

CABRAL, Carlos. *Presença do vinho no Brasil*. 2. ed. São Paulo: Editora Cultura, 2007.

COUTIER, Martine. *Dictionnaire de la langue du vin*. Paris: CNRS Éditions, 2007.

ESCARPIT, Denise. *Eurolexique: la vigne et le vin*. Paris: French & European Pubns, 1993.

FERREIRA, Aurélio Buarque de Holanda. *Novo dicionário básico da língua portuguesa Folha/Aurélio*. Rio de Janeiro: Editora Nova Fronteira, 1994/1995.

FRANCO, Silva; BRAUNE, Renata. *O que é enologia*. São Paulo: Editora Brasiliense, 2008.

FURTADO, Edmundo. *Copos de bar & mesa: história, serviço, vinhos, coquetéis*. São Paulo: Editora Senac São Paulo, 2009.

GARRIER, G. *Historie sociale e culturelle du vin*. Paris: Edditions Larousse, 1998.

GIL, Melgar; TOMAS, Luis. *Enciclopédia do vinho*. São Paulo: Ediouro, 2009.

HARRAP Ltd., Chambers. *Webster's new world concise Spanish English dictionary*. Nova York: Wiley, John & Sons Inc., 1992.

_____. *Webster's new world concise French English dictionary*. Nova York: Wiley, John & Sons Inc., 1992.

HERBST, Ron; HERBST, Sharon Tyler. *The new wine lover's companion*. 3. ed. Nova York: Barron's, 2010.

JOHNSON, Hugh. *A história do vinho*. São Paulo: Companhia das Letras, 1999.

____. *Como apreciar vinhos*. São Paulo: Ediouro, 1993.

____. *O vinho: atlas mundial de vinhos e aguardentes*. São Paulo: Siciliano, 1988.

JOHNSON, Hugh; ROBISON, Jancis. *The world atlas of wine*. Londres: Mitchell Beazley, 2001.

KOPLECK, Horst; TERREL, Peter. *Webster's new world German dictionary: German/English English/German*. Nova York: Wiley, John & Sons Inc., 1987.

LAROUSSE. *Larousse do vinho*. São Paulo: Larousse do Brasil, 2004.

LE CORDON BLEU. *Le Cordon Bleu vinhos*. Trad. Arlete Simille Marques. São Paulo: Marco Zero, 2001.

LILLA, Ciro. *Introdução ao mundo do vinho*. São Paulo: Martins Fontes, 2004.

LOVE, Catherine E. *Webster's new world Italian dictionary: Italian/English, English/Italian*. Nova York: Wiley Publishing, Inc. 1992.

LUCKI, Jorge. *A experiência do gosto: o mundo do vinho segundo Jorge Lucki*. São Paulo: Companhia das Letras, 2010.

MACHADO, Renato. *Em volta do vinho*. São Paulo: Editora Globo, 2004.

MACNEIL, Karen. *A bíblia do vinho*. Rio de Janeiro: Ediouro, 2003.

OFFICE INTERNATIONAL DE LA VIGNE ET DU VIN. *Lexique de la vigne et du vin*. Paris: Office International de la vigne et du vin, 1963.

PACHECO, Aristides de Oliveira; SILVA, Helena Silva. *Vinhos & uvas*. 2. ed. São Paulo: Editora Senac São Paulo, 1999.

PATO, Otávio. *O vinho, sua preparação e conservação*. Lisboa: Editora Clássica, 1978.

PERCUSSI, Luciano. *Convite ao vinho*. São Paulo: Nova Alexandria, 2002.

PEYNAUD, Emile. *The taste of wine: the art and science of wine appreciation*. 2. ed. Nova York: Wiley Publishing, Inc., 1996.

PHILLIPS, Rod. *Uma breve história do vinho*. Rio de Janeiro: Editora Record, 2003.

PIRES, Luciano. *Enciclopédia de vinhos*. Rio de Janeiro: Editora Record, 1993.

PRICE, Pamela Vandyke. *Curiosidades sobre o vinho: brindar, beber e outras coisas a respeito*. São Paulo: Editora Senac São Paulo, 2005.

RABACHINO, Roberto. *Vocabulario del vino*. Milano: Daniela Piazza Editore, 2004.

ROBINSON, Jancis. *The Oxford companion to wine*. 3. ed. Nova York: Oxford University Press, 2006.

____. *How to taste: a guide to enjoying wine*. Nova York: Simon & Schuster, 2008.

SANTOS, José Ivan Cardoso dos. *Vinhos, o essencial*. 6. ed. rev. São Paulo: Editora Senac São Paulo, 2006.

SANTOS, José Ivan; SANTANA, José Maria. *Comida e vinho, harmonização essencial*. 2. ed. São Paulo: Editora Senac São Paulo, 2008.

SANTOS, Sérgio de Paula. *O vinho, a vinha e a vida*. Porto Alegre: L&PM, 1995.

____. *Vinho e cultura*. São Paulo: Melhoramentos, 1992.

SANTOS, Suzamara. *Pequeno livro do vinho: guia para toda hora*. Campinas: Verus Editora, 2006.

SOUZA, Sérgio Inglez de. *Vinho: aprenda a degustar*. São Paulo: Market Press, 2000.

STANDAGE, Tom. *História do mundo em seis copos*. Rio de Janeiro: Zahar, 2005.

STEVENSON, Tom. *The new Sotheby's wine encyclopedia*. 3. ed. London: Dorling Kindersley, 2001.

TAGLIARI, Maurício; CAMPOS, Rogério de. *Dicionário do vinho*. São Paulo: Companhia Editora Nacional, 2011.

TAPIA, Patricio. *Vinho sem segredos*. São Paulo: Planeta, 2006.

VIOTTI, Eduardo. *Vinhos tintos*. São Paulo: Moderna, 2010 (Coleção *Folha* "O mundo do vinho". Volume 1).

____. *Os vinhos doces e licorosos*. São Paulo: Moderna, 2010 (Coleção *Folha* "O mundo do vinho". Volume 2).

____. *Os vinhos branco e rosado*. São Paulo: Moderna, 2010 (Coleção *Folha* "O mundo do vinho". Volume 3).

____. *O vinho espumante*. São Paulo: Moderna, 2010 (Coleção *Folha* "O mundo do vinho". Volume 4).

____. *Compra, guarda e degustação do vinho*. São Paulo: Moderna, 2010 (Coleção *Folha* "O mundo do vinho". Volume 14).

A Editora Senac Rio publica livros nas áreas de gastronomia, design, administração, moda, responsabilidade social, educação, marketing, beleza, saúde, cultura, comunicação, entre outras.

Visite o site **www.rj.senac.br/editora**, escolha os títulos de sua preferência e boa leitura.

Fique atento aos nossos próximos lançamentos!

À venda nas melhores livrarias do país.

Editora Senac Rio
Tel.: (21) 3138-1385 (Comercial)
comercial.editora@rj.senac.br
Disque-Senac: (21) 4002-2002

Este livro foi composto na tipografia Didot (regular, bold e italic), por Mariana Nahoum/Cria Caso Publicações Customizadas, e impresso pela GM Minister, em papel *couché matte* 90g/m², para a Editora Senac Rio, em agosto de 2012.